MERIAN *live!*

CORNWALL
SÜDENGLAND

Manfred Wöbcke schrieb diesen Reiseführer. Er stammt aus Kiel, ist Psychologe, lebt und arbeitet im Rheingau. Südengland und die Kanalinseln schätzt er schon seit seiner Schulzeit.

 Familientipps   FotoTipp

 Barrierefreie Unterkünfte   Ziele in der Umgebung

 Umweltbewusst Reisen   Faltkarte

Preise für ein Doppelzimmer mit Frühstück:

€€€€ ab 200 £   €€€ ab 130 £
　€€ ab 70 £   　€ bis 70 £

Preise für ein dreigängiges Menü ohne Getränke:

€€€€ ab 30 £   €€€ ab 20 £
　€€ ab 10 £   　€ bis 10 £

INHALT

Willkommen in Cornwall und Südengland — 4

MERIAN TopTen
Höhepunkte, die Sie sich nicht entgehen lassen sollten — 6

MERIAN TopTen 360°
Hier finden Sie sich schnell zurecht — 8

MERIAN Tipps
Tipps, die Ihnen unbekannte Seiten der Region zeigen — 16

Zu Gast in Cornwall und Südengland — 20

Übernachten — 22
Essen und Trinken — 24
Einkaufen — 26
Sport und Strände — 28
Familientipps — 30

◀ Exeter (▶ S. 67), Hauptstadt der Grafschaft Devon im Südwesten Englands.

Unterwegs in Cornwall und Südengland — 34

Cornwall	36
Devon und Dorset	58
Somerset, Wiltshire und Hampshire	68
Kent und Sussex	86

Somerset, Wiltshire und Hampshire
Kent und Sussex
Devon und Dorset
Cornwall

Touren und Ausflüge — 100

Von Plymouth nach Tintagel	102
Auf dem South Downs Way in Sussex	104
Auf der Isle of Wight	106
Unterwegs zwischen Cornwall und Kent	108

Wissenswertes über Cornwall und Südengland — 110

Auf einen Blick	112
Geschichte	114
Reisepraktisches von A–Z	116
Orts- und Sachregister	124
Impressum	128

Karten und Pläne

Südengland westlicher Teil	Klappe vorne
Südengland östlicher Teil	Klappe hinten
St Ives	55
Bournemouth	61
Bath	71
Winchester	81
Canterbury	89
Brighton	95
Isle of Wight	107
EXTRA-KARTE ZUM HERAUSNEHMEN	Klappe hinten

Willkommen in Cornwall und Südengland

Prächtige Gärten, alte Fischerdörfer und Five o'Clock Tea verkörpern das romantische Bild von »Merry Old England«.

Nahezu senkrecht fallen die Klippen ins Meer. Die Seven Sisters genannten sieben Kreidefelsen und die sich anschließende 170 Meter hohe Beachy Head sind die herausragenden Etappen des südenglischen Küstenwanderweges, der in mehreren Tagen durch die Hügellandschaft der South Downs führt. Wer zu Fuß unterwegs ist, der erlebt, was die Region zwischen Kent und Cornwall so besonders macht, nämlich naturbelassene Landschaften und die Pflege jahrhundertealter Traditionen. Die Bewahrung historischer Gebäude – sei es ein Vier-Zimmer-Cottage in Cornwall am Hafen, das 300 Jahre alte, unter Blumenhecken versteckte Pfarrhaus oder der ehemalige Landsitz von Sir Winston Churchill – hat für die Briten oberste Priorität, und Denkmalschutzorganisationen wie der »National Trust« und »English Heritage« tun ihr Übriges, damit in diesem Teil des Landes das ländliche Idyll erhalten bleibt. Daneben sind es aber auch Mitglieder der britischen Aristokratie, neureiche Großverdiener, Pop-Legenden wie Paul McCartney und Eric Clapton, die in den Grafschaften südlich von London ihr »weekend« verbringen, jahrhundertealte Kleinode restaurieren und die Ländereien vor Zerstückelung und den Folgen moderner Erschließungsmaßnahmen bewahren.

◄ Halbinsel Lizard (▶ S. 42): romantische Landschaft hoch über dem Meer.

Doch zwischen Kent und Cornwall findet man nicht nur pittoreske Dörfer, die den englischen Lebenstraum symbolisieren, Gärten und Parks, die von der nationalen Gartenleidenschaft künden, Pferderennen und Segelregatten, Elite-Internate und exzentrische Opern- und Theaterfestivals, sondern auch faszinierende Städte. Mit Bath und Canterbury besitzt Südengland zwei der schönsten des Landes, die eine präsentiert sich als historische Kurstadt mit perfekt erhaltener Regency- und georgianischer Prachtarchitektur, während Canterbury als romantisches Schmuckstück und mit einer mittelalterlichen Kathedrale den Besucher in seinen Bann schlägt.

Das Kreischen der Möwen und der Duft von Jahrmarktsnaschwerk mischen sich auf dem ins Meer reichenden Pier von Brighton, nach wie vor eines der beliebtesten Seebäder der Briten. In den engen Gassen des historischen Fischerviertels »The Lanes« genießt man Austern und Guinness vom Fass, spürt man die Lebendigkeit des jungen und gleichzeitig traditionsreichen Brighton.

Poeten und Gartenliebhaber

In einer Kulturlandschaft wie England bewegt man sich auch im Süden fast überall auf den Spuren von Dichtern und Denkern. In Bristol war es, wo Daniel Defoe Inspiration für seinen Roman »Robinson Crusoe« in der Kneipe »Llandoger Trow« fand. Victoria Sackwell-West, die im schlossartigen Herrenhaus von Knole das Licht der Welt erblickte, erwarb in der Grafschaft Kent einen etwas heruntergekommenen Burgturm und schuf den berühmtesten Garten des Landes, Sissinghurst, zu dem heute Gartenliebhaber aus aller Welt pilgern. Ganz in der Nachbarschaft lebte ihre Freundin, die Schriftstellerin Virginia Woolf, mit ihrem Mann im »Monk's House« in Rodmell, das nach wie vor den Geist der Künstlervereinigung »Bloomsbury« verströmt.

Bilderbuchlandschaften

Dutzende von Gärten und Parks, Schlössern und Herrenhäusern sind heute für Besucher geöffnet, Meisterwerke der Gestaltung, in denen Wert darauf gelegt wird, dass alles noch so aussieht wie auf den alten Bildern und Zeichnungen. Es gehört zum Ehrgeiz der Betreiber, dass die durch uralte Hecken und verwunschene Dörfer geprägten Bilderbuchlandschaften erhalten bleiben. Dazu gehören auch die nahezu unberührten Küstenlandschaften, von der bereits erwähnten Beachy Head in der Grafschaft Kent bis zu den schwer zugänglichen Buchten von Devon und Cornwall.

Briten gelten als Exzentriker, als leidenschaftliche Insulaner, die doch den Fremden mit größter Freundlichkeit gegenübertreten. Vermutlich liegt das auch an den Besuchern: Südengland-Liebhaber sind Individualisten, sie suchen vielfältige kulturelle Entdeckungen statt genormter Club-Animation, das »English Breakfast« im Landhotel ebenso wie das Gespräch bei einem Pint Guinness im urigen Dorfpub. Auch das gelegentlich launische Wetter macht wahren Fans nicht zu schaffen, eher schon die Tatsache, dass eine solche Reise stets viel zu kurz gerät.

MERIAN TopTen

MERIAN zeigt Ihnen die Höhepunkte der Region: Das sollten Sie sich bei Ihrem Besuch in Cornwall und Südengland nicht entgehen lassen.

Grafschaften, die mit großartigen Schlössern und berühmten Gärten aufwarten, Kathedralen, in denen Könige ihre letzte Ruhestätte fanden, und ein Nationalpark, der aus einem 1000 Jahre alten Jagdgebiet hervorgegangen ist: In Südengland bilden Natur und Kultur eine unwiderstehliche Mischung. Und oft bieten Klippen und Meer eine atemberaubende Kulisse, etwa in der Tate St Ives oder im Minack Theatre. Welcome and enjoy!

MERIAN TopTen 360°

Damit Sie sich vor Ort schneller orientieren können, finden Sie zu ausgewählten MERIAN TopTen auf den folgenden Seiten Umgebungskarten mit Restaurant-, Einkaufsempfehlungen und Tipps für weitere Sehenswürdigkeiten.

MERIAN TopTen

1. Eden Project
Der weltweit größte überdachte Regenwald (▸ S. 46).

2. Minack Theatre, Porthcurno
Theater unter dem Sternenhimmel: Hinter der Bühne tost die Brandung (▸ S. 53).

3. Tate St Ives
In dem Architekturjuwel – Ableger der Londoner Adresse – verbinden sich Bildbetrachtung und Meeresrauschen (▸ S. 54)

4. New Forest
Bilderbuch-Dörfer, wild lebende Ponys und malerische Eichenwälder (▸ S. 63).

5. Roman Baths Museum, Bath
Im Museum der Römischen Bäder sprudelt heißes Wasser wie seit Jahrhunderten (▸ S. 72).

6. Winchester
Wo König Artus seine Ritter versammelte, gibt es die älteste Privatschule des Landes und eine gewaltige Kathedrale (▸ S. 79).

7. Stonehenge
Der Aura der Steinkreise können auch Besucherströme nichts anhaben (▸ S. 85).

8. Canterbury Cathedral
Mystik, Glaube, Geschichte: Im Inneren der Kathedrale atmen die Jahrhunderte (▸ S. 87).

9. Leeds Castle
900 Jahre Wohnkultur, der perfekte Traum eines englischen Schlosses (▸ S. 93).

10. Sissinghurst Gardens
Der Inbegriff englischer Gartengestaltung (▸ S. 94).

360° St Ives

MERIAN TopTen

❸ Tate St Ives
In dem architektonischen Juwel – Ableger der berühmten Londoner Adresse – verbinden sich moderne Kunst und das Rauschen des Meeres (▸ S. 54).
Porthmeor Beach

SEHENSWERTES

❶ Barbara Hepworth Museum & Sculpture Garden
Werke, die sich der Interpretation entziehen, eine Spielwiese der Phantasie: zwischen Fächerpalmen leben die Objekte der bedeutenden Bildhauerin (▸ S. 54).
Barnoon Hill

❷ St Nicholas Chapel
Die winzige Steinkapelle, die sich auf der Halbinsel im Norden von St Ives befindet, thront unmittelbar am Meer, denn St Nicholas ist der Schutzherr der Seeleute. Im Inneren gibt es sogar einen kleinen, offenen Kamin (▸ S. 54).
The Island

ESSEN UND TRINKEN

③ The Beach Restaurant
Nur schwer zu überbieten: der Blick aufs Meer und die Desserts, etwa ofenwarm servierter Apple & Blackberry Crumble (▶ S. 56).
The Wharf

④ Tate St Ives Café
Die Aussicht von der Dachterrasse auf die Bucht ist faszinierend – einer der schönsten Orte, um Tee zu trinken (▶ S. 57).
Porthmeor Beach

AM ABEND

⑤ The Garrack Bar
An kühlen Abenden wärmt ein stimmungsvolles Kaminfeuer, und die Whisky- und Ginsammlung ist grandios (▶ S. 57).
The Garrack Hotel, Burthallan Lane

AKTIVITÄTEN

⑥ Porthmeor Beach
Mit Neopren-Anzug genießen Surfer auch an kühlen Tagen die Wellen; in der Saison trifft sich hier die lokale Szene (▶ S. 54).

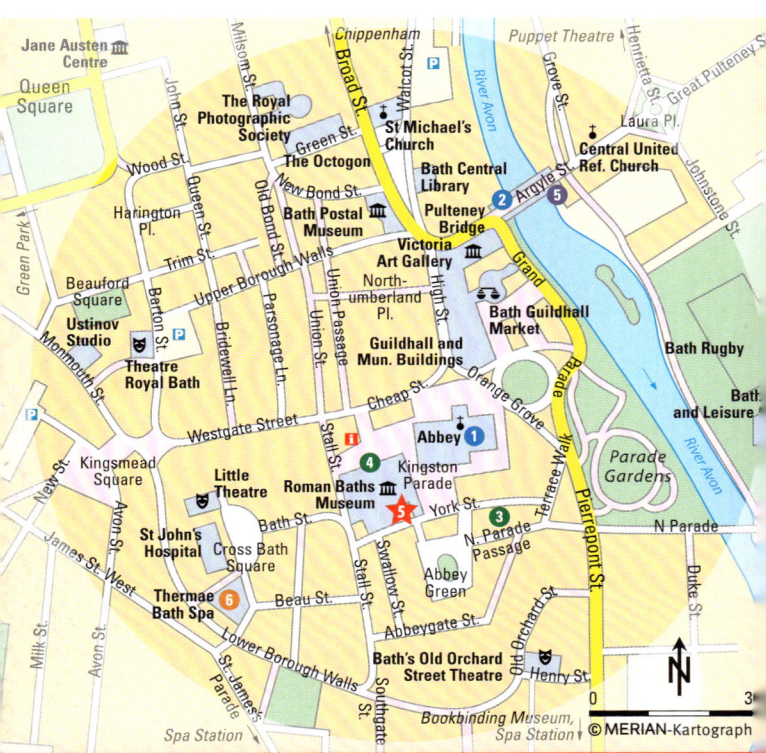

360° Bath

MERIAN TopTen

Roman Baths Museum, Bath
Im Museum der Römischen Bäder sprudelt noch immer heißes Thermalwasser (▶ S. 72).
Abbey Church Yard

SEHENSWERTES

Abbey
Das filigrane Meisterwerk aus hellem Kalkstein ist eine der schönsten Kirchen des Landes im spätgotischen Stil (▶ S. 70).
Orange Grove/High Street

Pulteney Bridge
Eine Prise Florenz stellt diese bebaute Brücke im Palladium-Stil dar. Traditionsreiche Cafés und kleine Läden laden hier zum Verweilen ein (▶ S. 70).
Bridge Street/Argyle Street

ESSEN UND TRINKEN

Acorn Vegetarian Kitchen
Hier wird den Gästen vegetarische und vegane Küche serviert: Eine der bekanntesten Essadressen von Bath, gerühmt für unge-

wöhnliche, stets köstlich schmeckende Gerichte (▸ S. 74).
2 North Parade Passage

❹ The Pump Room
Einfach Kult: die traditionell ausstaffierten Räume sind Bühne für illustre Kurgäste (▸ S. 74).
Stall Street/Abbey Church Yard

EINKAUFEN
❺ Oxfam Shop
Porzellan, Bücher, Kurioses: Die Verkäufer arbeiten ehrenamtlich, der Erlös wird wohltätigen Zwecken gespendet, und wenn Sie etwas Schönes entdecken, freuen nicht nur Sie sich (▸ S. 75).
12 Argyle Street

AKTIVITÄTEN
❻ Thermae Bath Spa
Beim »Twilight Package« im »New Royal Bath« genießen Sie das heiße Thermalwasser unter freiem Himmel (▸ S. 75).
The Hetling Pump Room, Hot Bath Street

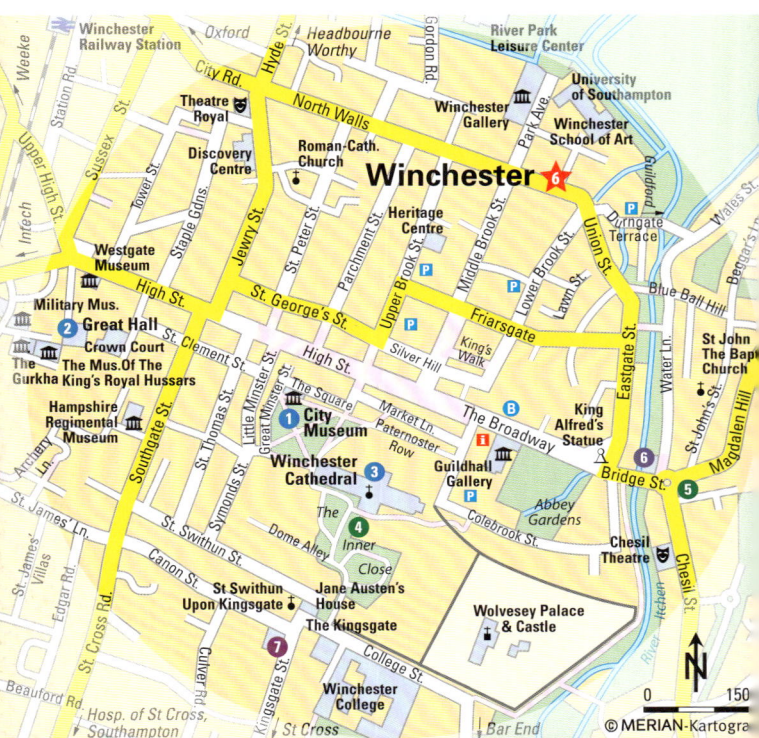

360° Winchester

MERIAN TopTen

⭐ Winchester
Wo König Artus seine Ritter versammelte, gibt es die älteste Privatschule des Landes und eine gewaltige Kathedrale (▸ S. 79).

SEHENSWERTES

① City Museum
Das Museum am Eingang der Kathedrale widmet sich der Stadtgeschichte und zeigt toperhaltene römische Mosaike (▸ S. 80).
The Square

② Great Hall
In dem eindrucksvollen Saal des ehemaligen Winchester Castle zieht der sog. Round Table die Blicke auf sich. Tatsächlich ein Relikt aus König Artus' Zeiten? (▸ S. 80).
Castle Avenue

③ Winchester Cathedral
Mit 168 m gehört die Kathedrale zu den längsten Kirchen Europas – Hinweis auf die einstige Bedeutung Winchesters (▸ S. 80).
5 The Close

Winchester

ESSEN UND TRINKEN

4 The Cathedral Refectory
Einfach gut: zeitgenössische Vollwertküche in modernem Ambiente, das hervorragend zur historischen Umgebung passt (▶ S. 82).
Inner Close

5 Chesil Rectory
So schmeckt britische Küche aus Bio-Zutaten: köstliches Drei-Gänge-Menü im ehemaligen Pfarrhaus von 1450 (▶ S. 82).
1 Chesil Street

EINKAUFEN

6 City Mill
Gartenhandschuhe, wie sie britische Landlords tragen, dazu nützliche und ausgefallene Accesscoires fürs Haus (▶ S. 83).
Bridge Street

AM ABEND

7 The Wykeham Arms
Der auf das 18. Jh. zurückgehende Pub wurde im edlen Country House-Stil restauriert (▶ S. 83).
75 Kingsgate Street

360° Canterbury

MERIAN TopTen

Canterbury Cathedral
Mehr als nur eine Kirche: Hier ist der Atem der englischen Geschichte zu spüren (▸ S. 87).
Mercery Lane

SEHENSWERTES

Roman Museum
Nach der Neugestaltung noch besser: Die Besucher erfahren, wie Canterbury zu Zeiten der Römer aussah (▸ S. 89).
Butchery Lane

Weavers Houses
Das Tudor-House ist eine der meist fotografierten Sehenswürdigkeiten Canterburys (▸ S. 88).
1–3 St Peter's Street

ESSEN UND TRINKEN

Tiny Tim's Tearoom
Noch nie was von »Meatloaf Puffkins« oder »Rarebit on Toast« gehört? Die britischen Klassiker lernt man in diesem Bauwerk aus dem 16 Jh. kennen (▸ S. 90).
34 St Margaret's Street

EINKAUFEN

4 Canterbury Pottery

Je nachdem, woraus man seinen Kaffee oder Tee am liebsten trinkt – in diesem reizenden Porzellanladen gibt es »Mugs, Cups and Goblets«, ganz so, wie es die Engländer lieben (▸ S. 91).
38a Burgate

AKTIVITÄTEN

5 Canterbury Ghost Tour

Seit 1995 führt der mit Geistern gut vertraute und charismatische John Hippisley zu den Orten, an denen es spukt (▸ S. 92).
Treffpunkt bei Alberry's Winebar in St Margaret's Street

6 Historic River Tour

Vom Wasser sieht das historische Canterbury noch einmal anders aus, und während der Tour kann man feststellen, wie viel man doch in nur 40 Minuten erfahren und lernen kann (▸ S. 88).
The Ducking Stool, The Old Weavers, St Peter's Street

MERIAN Tipps

Mit MERIAN mehr erleben. Nehmen Sie teil am Leben der Region und entdecken Sie Cornwall und Südengland, wie es nur Einheimische kennen.

⭐ 1 Scilly Walks 📖 A 6

Trotz des ersten Eindrucks sind die Scilly-Inseln mit ihrer nordatlantischen Kälte kein Badeparadies. Dennoch sind die kleinen Inseln paradiesisch, wenn man rudern und paddeln will, aber auch zum Wandern. Ausgestattet mit wetterfester Kleidung kann man entlang der erodierenden Klippen die Dramatik der Scillys erleben ebenso wie ihre lieblichen Seiten. Begleitete und unterschiedliche thematische Spaziergänge werden auf der Scilly-Insel St Mary's veranstaltet. Eine Anmeldung ist nicht erforderlich.

Isles of Scilly, Hugh Town • Treffpunkt tgl. 10 Uhr am Holgate's Green, The Strand (gegenüber der katholischen Kirche) • www.scillywalks.co.uk • Teilnahme 6 £, Kinder 3 £

St Ives Bay Line B 6

Um die Umgebung von St Ives zu erkunden, sollte man mit der Eisenbahn von St Erth entlang der Küste der St Ives Bay nach St Ives fahren: Die »most scenic«-Kommentare der Mitreisenden sind keine Übertreibung angesichts der zauberhaften Aussicht auf die blau schimmernde Meeresbucht und die hellen Strände. Schade, dass die ganze Strecke nur 7 km lang ist. Doch das Ticket »St Ives Bay Line Ranger« erlaubt unbegrenzte Fahrten für 4 £ pro Tag. Und an der Station Lelant Saltings kann man das Auto für 2,80 £ pro Tag im Parkhaus abstellen.
www.nationalrail.co.uk, www.visitstives.org.uk

Seal Island B 6

Boot-Trips gibt es viele in St Ives. Ein Klassiker und besonders schön ist die Tour mit dem Motorboot Dolly P. zur felsigen Seal Island, nahe Zennor gelegen, etwa 6 km westlich von St Ives. Bereits der Blick auf St Ives und die Küste ist großartig. Kormorane und Tölpel begleiten das Boot. Nach etwa 20 Minuten erblickt man Seal Island, Heimat von Robben-Kolonien, die von den Klippen ins Wasser springen und in die Fluten abtauchen. Dolly P. umrundet die Felsenklippe, und mitunter bekommt man auch Delfine zu sehen. Nachmittags ist das Licht besonders schön, und die Tour mutet fast romantisch an.
St Ives Boats: St Ives Harbour, Lifeboat Station • Tel. 07 77/3 00 80 00 • www.stivesboats.co.uk • März–Nov. tgl. mehrmals • Teilnahme 12 £, Kinder 10 £

Greenway House E 6

Mit der Fähre auf dem Fluss Dart, das bezaubernde Bootshaus, die Gärten mit ihren Treibhäusern, in denen die berühmte Kriminalschriftstellerin Agatha Christie ein ganzes Heer von Gärtnern arbeiten ließ: Das georgianische Greenway House, das in sei-

nen Ursprüngen auf das 15. Jh. zurückgeht und 1938 von der Miss-Marple- und Hercule-Poirot-Erfinderin als Sommerresidenz erworben wurde, war großartig in vielerlei Hinsicht. Noch heute atmet man etwas vom Geist der damaligen Zeit, wenn man dem vom National Trust verwalteten Haus einen Besuch abstattet.
Greenway House: Galmpton (nahe Brixham), Greenway Road • Tel. 0 18 03/84 23 82 • www.nationaltrust.org.ok/greenway • tgl. 10.30–17 Uhr • Eintritt 9,90 £, Kinder 4,95 £
Anreise: mit der Fähre ab Dartmouth Pontoon, südlich von Brixham • Tel. 0 18 03/88 28 11 • www.greenwayferry.co.uk • tgl. 10–17 Uhr stdl. • Ticket 8,50 £ hin & zurück

MERIAN Tipps

5 Mulberry Factory Shop F4

Top-Models Cara Delevingne und Alexa Chung wirkten beim Entwurf der nach ihnen benannten Mulberry-Taschen mit, die sie auf den Londoner Schauen vorführten und die zu den begehrtesten Taschen nicht nur in der Fashionszene gehören. Während die aktuellen Kollektionen hochpreisig sind, kann man auf Schnäppchen des Luxus-Labels im Herstellungsort von Mulberry im ländlichen Somerset hoffen. Im alten Schulhaus gibt es neben Taschen Hosen mit Päoniendruck, Portemonnaies, Picknick-Körbe mit Lederauskleidung und so manches Accessoire aus vergangenen Kollektionen.
The Old School House: Shepton Mallet, Kilver Street • Tel. 0 17 49/ 34 05 83 • www.mulberryfactory shop.com • Mo-Sa 9.30–17.30, Do 10–16 Uhr

6 Welldiggers Arms, Petworth J4

Welldiggers Arms ist ein großer, wunderbar traditioneller und bereits über 300 Jahre alter Country Pub, umgeben vom Naturschutzgebiet South Downs. Die Gäste entstammen allen Gesellschaftsschichten und lassen sich hier das Ale aus der ortsansässigen Brauerei und große Steaks vor der wunderbaren Kulisse der Hügellandschaft schmecken. Last but not least: Seit 30 Jahren ist das Welldiggers Arms der Lieblings-Dorfpub des in der Nähe wohnenden Roxy-Music-Sängers Bryan Ferry, der selbst während der Wintermonate von seinem Landsitz in Gummistiefeln zu Fuß hierher läuft.
Petworth, Low Heath, Pulborough Road (A283) • Tel. 0 17 98/34 22 87 • www.thewelldiggersarms.co.uk • Mo-Sa 11–15 und 18–24, So 12– 16 Uhr • €€

Gottesdienst in der Canterbury Cathedral  M 4

Die Kathedrale von Canterbury, ein meisterhaftes Bauwerk der Gotik, kann auf eine ungebrochene Tradition des Glaubens zurückblicken. Zwischen Sonnenauf- und -untergang finden täglich mehrere Messen im Chor (»Quire«) statt, die genauen Zeiten findet man unter www.canterbury-cathedral.org. Ein besonderes Erlebnis ist es auch, den an sechs Tagen der Woche auftretenden Chor zu hören, der aus zwölf älteren Sängern und 30 Chorbuben besteht
Canterbury, Mercery Lane, Christ Church Gate

Sun Hotel, Canterbury  M 4

In diesem Inn aus dem 15. Jh. wohnte schon Charles Dickens, der das Tudor-Gasthaus anschließend als »Little Inn« beschrieb. Neben der zentralen Lage gegenüber dem Cathedral Gate punktet die gemütliche Unterkunft, die die alte Bausubstanz mit modernem Komfort kombiniert, mit behaglichen, antik möblierten Zimmern (zum Teil mit Himmelbetten), Fenstern mit Bleiverglasung und luxuriösen Badezimmern.
Canterbury, 7–8 Sun Street • Tel. 0 12 27/76 97 00 • www.sunhotelcanterbury.co.uk • 7 Zimmer • €€

Nivea Sun Yellowave Beachsports, Brighton  K 5

Allein unterwegs und Lust, mit Gleichgesinnten Frisbee zu spielen oder sich im Beach Rugby zu versuchen? In bester Südwestlage am hellen Sandstrand von Brighton befindet sich Englands erstes Beachball Centre. Neben Volleyball und Fußball am Strand kann man auch einfach im Liegestuhl relaxen; Duschen und eine schön gestaltete Beach Bar für einen Drink danach gibt es obendrein.
Yellowave Beach Sports Venue: Brighton, 299 Madeira Drive • Tel. 0 12 73/67 22 22 • So–Do 10–20, Fr, Sa bis 22 Uhr

VBites, Brighton K 5

Die in Brighton lebende Heather Mills, Ex-Frau von Paul McCartney und rührige Öko-Aktivistin, lässt im modernen Setting im Zentrum von Brighton unweit des Piers mit offener Show-Küche köstliche Currys und Spaghetti Bolognese, Gazpacho und Burger servieren – allesamt vegetarische bzw. vegane Gerichte. Presse und Besucher sind begeistert, und Gefallen finden auch die jungen Bedienungen mit Model-Look, männlich wie weiblich.
Brighton, 14 East Street • Tel. 0 12 73/74 73 71 • www.vbites.com • Mo–Do 9.30–19, Fr, Sa bis 20, So 10–18 Uhr • €€

»Cream tea« oder Sandwiches vor dramatischer Klippenszenerie: Das Polpeor Cafe (▶ S. 102) am Lizard Point rühmt sich, das südlichste Café Englands zu sein.

Zu Gast in **Cornwall und Südengland**

In vielen Landstrichen Südenglands scheint die Moderne weit weg zu sein. Unterkünfte und Restaurants atmen Vergangenheit.

Übernachten

Individualisten bietet sich eine breite Palette an Quartieren. Traditionsreiche Landhotels, ehemalige Herrenhäuser und Schlösser oder Country Inns sind typische Unterkünfte.

◄ Palastarchitektur mit Pool und Sonnendeck: The Grand Hotel in Eastbourne (▶ S. 99) lässt keine Wünsche offen.

Die schönsten Unterkünfte sind zweifelsohne traditionelle Landhäuser und -schlösschen, die modernisiert und in Hotels umgewandelt wurden; sie haben jedoch ihren Preis. Deutlich billiger sind Frühstückspensionen und moderne Hotels der Mittelklasse.

Bed & Breakfast

B&B nennt man die landestypischen Frühstückspensionen. Sie werden von allen Schichten angeboten, englische Lebensart erfährt man im schlichten Reihenhaus der Fünfzigerjahre ebenso wie im komfortablen Bungalow oder im strohgedeckten »cottage«. Zimmer mit Dusche und WC auf dem Gang kosten gewöhnlich 25 bis 30 £ pro Person mit Frühstück, für ein Zimmer mit Bad in einem stilvollen **Country Inn** muss man ab 80 £ rechnen. Die an den jeweiligen Häusern angebrachten Schilder machen auf diese Art der Übernachtungsmöglichkeit aufmerksam. Ein Verzeichnis der B&B-Häuser halten die Tourismusinformationsstellen der Orte bereit.
Auskunft und Buchung:

B&B My Guest

London SW6 7DU, 103 Dawes Road • Tel. 08 70/4 44 38 40 • www.beduk.co.uk

Traditionsreiche Herbergen

Country Houses, englische Landhotels, gehören zu den stilvollsten Unterkünften. Erblickt man die von Rosen überwucherten, jahrhundertealten Häuser, gerät man leicht ins Schwärmen. Mit dem Öffnen der schweren Haustüren betritt man eine andere Welt. Liebevoll arrangierte Spitzendeckchen, sanft schimmernde Mahagoni- und Teakholzmöbel, selbst das antike Silber ist in vielen besseren Häusern nicht als Zierde gedacht, sondern tatsächlich für den täglichen Gebrauch bestimmt. Nicht wenige dieser Landhotels sind ehemalige Schlösser oder herrschaftliche Landsitze. Die hohen Unterhaltskosten der häufig denkmalgeschützten Häuser haben ihre Besitzer gelegentlich zur Umwandlung in Hotels veranlasst. Die Besitzer solcher Nobelhotels haben sich zu der Kette »Pride of Britain« zusammengeschlossen. Ein Doppelzimmer in solchen Hotels schlägt mit 150 bis 300 € zu Buche.
Auskunft und Buchung:

Pride of Britain Hotels

Wiltshire SN16 0JH, Foxley, Cowage Farm • Tel. 00 44/16 66-82 46 66 • www.prideofbritainhotels.com

Außergewöhnliche Unterkünfte in Cornwall – sei es ein Loft hoch über der Steilküste oder ein rosenumranktes Steincottage – vermittelt:

Cornish Gems

Cornwall TR4 9LD, Truro, Threemilestone, Threemilestone Industrial Estate, Unit 12 • Tel. 00 44/18 72 24 12 41 • www.cornishgems.com

---

Empfehlenswerte Hotels und andere Unterkünfte finden Sie bei den Orten im Kapitel ▶ **Unterwegs in Cornwall und Südengland.**

Preise für ein Doppelzimmer mit Frühstück:
€€€€ ab 200 £   €€€ ab 130 £
€€ ab 70 £   € bis 70 £

Essen und Trinken

Die Engländer beginnen den Tag solide: mit einem üppigen »breakfast«. Doch dass man dreimal täglich frühstücken sollte, möchte man gut essen, stimmt längst nicht mehr.

◄ »Cream tea« (► S. 25): Viele Cafés und Dorfgasthöfe servieren nachmittags diese süße Zwischenmahlzeit.

Die erste Mahlzeit des Tages kann wahre Gaumenfreuden verheißen. Begonnen wird entweder mit »cereals«, oft »corn flakes«, oder mit »porridge«. Es folgt der zweite Gang: Spiegel-, Rühr- oder gekochte Eier mit knusprigem Speck, gegrillten Tomaten, Schinken, dazu manchmal Räucherlachs und Bratkartoffeln.

Pasty, pies und fish'n'chips

Angesichts dieses kalorienreichen Frühstücks geht es mittags dann weniger üppig zu. Die meisten Engländer geben sich zufrieden mit ein paar Sandwiches, einer Suppe oder einer **Pastete**. Diese heißen Blätterteigtaschen sind von höchst unterschiedlicher Qualität. Aus Devon stammt der berühmte »**pork pie**« (mit Schweinefleisch, Äpfeln, Zwiebeln und »cider«). An der Küste werden Fischpasteten, »**fish pies**«, angeboten. In den Pubs wird mittags oft der »ploughman's lunch« serviert, eine Zusammenstellung aus Schinken, Käse und diversen Salaten.

Nach den Gerichten der traditionellen englischen Küche, wie Lammbraten mit Minzesauce, Schweinebraten mit Apfelsauce oder »**Yorkshire pudding**« (ein in Bratenfett gebackener Teigauflauf), muss man mittlerweile lange Ausschau halten. Eine weitere eher deftige Spezialität, die sich zu probieren lohnt, ist »**black pudding**« (Blutwurst), der, heiß und mit einer Preiselbeersauce serviert, unerwartet gut schmeckt.

In Südengland bereichern außerdem viele Fisch- und Meeresspezialitäten die Speisekarte. Zu den köstlichsten Fischgerichten gehören Forelle, Seezunge, Austern und Lachs.

Was den Deutschen ihre Currywurst, das sind den Engländern ihre »**fish'n'chips**«. Überall im Lande trifft man auf Kioske oder einfache Lokale, in denen Pommes-frites-Tüten und frisch frittierter Fisch über den Ladentisch gereicht werden.

Zu den berühmtesten **Käsesorten** Südenglands gehört der »stilton«, ein Blauschimmel-Käse von pikantherzhaftem Geschmack, unübertrefflich in Verbindung mit einem süßen Sherry. Probieren Sie den »blue vinny«, einen aus Dorset stammenden Hartkäse, der aus frischer, von Hand entrahmter Milch hergestellt wird. Bei großen Teilen der Bevölkerung ist der »cheddar« beliebt, ein sehr würziger Käse. Einen gereiften »cheshire« erkennt man an der rötlichen Färbung, junge Sorten sind eher weißlich. Schaf- und Ziegenkäse ergänzen die Palette. Eine kalorienarme Alternative stellt der »cottage cheese« dar, der Hüttenkäse.

An Dorfgasthöfen und Cafés angebrachte Schilder weisen auf den »**cream tea**« hin, eine nachmittägliche Zwischenmahlzeit, bei der süße Brötchen mit Marmelade und dicker Sahne (»clotted cream«) bestrichen und mit viel Tee hinuntergespült werden. Zum »**Five o'Clock Tea**« bevorzugt die feine englische Gesellschaft traditionell hauchdünne Gurkensandwiches.

Empfehlenswerte Restaurants finden Sie bei den Orten im Kapitel ► **Unterwegs in Cornwall und Südengland.**

Preise für ein dreigängiges Menü:

| €€€€ | ab 30 £ | €€€ | ab 20 £ |
| €€ | ab 10 £ | € | bis 10 £ |

Einkaufen

Hübsche Ladenschilder und liebevoll dekorierte Schaufenster verführen zum Einkaufen – ebenso die kleinen Spezialitätenläden, in denen Keramik oder Antiquitäten verkauft werden.

◀ Mit Liebe zum Detail ausgestattet: In diesem Laden werden die Waren in maurisch geprägten Schränken aufbewahrt.

Einen entspannten Einkauf verheißen die zahlreichen **Wochenmärkte**. Geräucherten Fisch, Käse und heiße Pasteten sowie frisches Obst kauft man dort am besten. Landestypische Produkte wie Cider, Whisky, Käse (zum Beispiel in Tontöpfen eingeschweißter Stilton) oder Teekuchen und -plätzchen sind beliebte Reiseandenken. Picknick-Körbe werden in allen Größen und Ausführungen verkauft. Auf den sogenannten »**Farmers Markets**« dürfen nur einheimische Landwirte ihre Produkte anbieten. Obst, Gemüse und Fleisch sind deswegen garantiert frisch. Die Bauern sind persönlich anwesend und stehen auch für Auskünfte über Anbau und Verarbeitung zur Verfügung. Wo und wann erfährt man unter: www.farmersmarkets.net.

Antiquitäten
Neben London ist Bath die Hochburg der **Antiquitätenhändler**. In vielen Dörfern und Städten werden, meist im Frühling, Messen abgehalten. Vorbei sind jedoch auch in England die Zeiten, in denen die Preise für einheimische Kunstgegenstände weit unter denen des übrigen Europa lagen. Wer nicht in erster Linie am kunsthistorischen Wert eines Objektes interessiert ist, kann noch immer preiswerte Stücke erwerben. Antike Möbel kauft man besser in größeren Geschäften, die in der Regel auch den Versand erledigen.

Briten sind begeisterte **Flohmarkt**-Besucher. In Südengland finden – besonders im Sommer – unzählige Veranstaltungen statt, genannt »Antique Market« oder »Flea Market«. Zudem gibt es kleinere Versionen in Straßen, Dörfern und Stadtteilen, etwa »Trunk Sale« (Verkauf aus dem Kofferraum) oder »Garage Sale«.

Kleidung, Sportzubehör, duftende Souvenirs
Zur typisch englischen **Kleidung** gehören Shetlandpullover, klassische Tweedjacken, Regenkleidung aus gewachster Baumwolle und natürlich die »wellies« (Gummistiefel). Noch immer wird in England Kleidung fürs Leben hergestellt, robuste Stücke in dezenten Erdtönen, die keinem Modediktat unterworfen sind.

In England lebt die Kunst des Trocknens, Mischens und Arrangierens von aromatisch duftenden Kräutern, Blättern, Wurzeln, Hölzern und Blüten. Unzählige solcher sogenannten **Potpourris** stehen zur Auswahl.

Das Zubehör für Sportarten wie Reiten, Angeln und Golf wird in großer Auswahl und recht preiswert angeboten. Man ist beim Kauf nicht unbedingt auf Fachgeschäfte angewiesen, sondern findet die Artikel auch in größeren Kaufhäusern.

In den Grafschaften Cornwall und Devon erlebt die Kunst des **Töpferns** eine Renaissance. In kleinen Ateliers entstehen Becher, Krüge und Schüsseln in sanften Tönen und mit handbemalten Borten.

In kleineren Orten halten die Ladenbesitzer meist eine Mittagspause ein. Große Geschäfte haben oft durchgehend geöffnet, in Touristenorten bis in den Abend hinein.

Empfehlenswerte Geschäfte und Märkte finden Sie bei den Orten im Kapitel
▶ **Unterwegs in Cornwall und Südengland.**

Sport und Strände

Die grandiosen Naturschönheiten, die Südengland zu bieten hat, ziehen jeden Besucher hinaus – zum Wandern, Wassersport oder Golf. Es gilt nur, wetterfeste Kleidung zu tragen.

◄ Cornwalls Strände (▶ S. 29) bieten Wellenreitern ideale Bedingungen, hier am Porthcurno Beach.

Golf und Cricket wurden in England erfunden; Reitturniere und Segelmeisterschaften, die hier ausgetragen werden, haben Weltruf. Einige der schönsten und bekanntesten Golfplätze der Britischen Inseln befinden sich im Süden des Landes. Naturschönheiten verführen zu Spaziergängen und Wanderungen, beispielsweise entlang der Küste auf dem South Downs Way. Wassersportler profitieren von der überaus abwechslungsreichen Küstenlandschaft, von schroffen Klippen und idyllischen Flussmündungen. Nahezu jede Sportart – vom Angeln bis zum Wassersport – kann in Südengland ausgeübt werden.

Über das Sport- und Freizeitangebot einer Region oder einer Stadt informieren von den Fremdenverkehrsämtern herausgegebene Broschüren.

ANGELN

Unterschieden werden Hochseeangeln (»sea« oder »deep sea angling«), Sportangeln (»game« oder »sport fishing«) auf Lachse und Forellen sowie das Angeln in Süßwasser (»coarse fishing«). Hochseeangelausflüge werden in den Küstenorten angeboten; Auskunft erteilen die örtlichen Touristenbüros. Für Angeln in Seen und Flüssen benötigt man eine Erlaubnis (»rod licence«). Angler finden weitere hilfreiche Informationen unter www.fishsoutheast.co.uk (Südostengland), www.gethooked.co.uk (Südwestengland) und für Fragen zum Meeresangeln unter www.britishseafishing.co.uk/south-east-england.

GOLF

Dem Golfspiel haftet in England nichts Snobistisches an. Weit über 2000 Golfplätze werden gezählt. www.englishgolf-courses.co.uk, www.golfeurope.com

SEGELN

Die Südküste Englands gilt als Segelparadies, viele Yachthäfen bieten Liegeplätze und Chartermöglichkeiten. Im Juli und August ist es ratsam, sich vorher im Hafen anzumelden:

Yacht Harbour Association
Surrey, TW20 8BF, Egham, Marine House, Thorpe Lea Road • Tel. 0 17 84/22 38 17 • www.tyha.co.uk

WANDERN

Gut erschlossene Wanderwege findet man im gesamten Süden Englands. Teilweise werden sie von den Behörden der Grafschaften unterhalten, d.h., sie sind ausgeschildert und mit Schutzhütten versehen. Dazu gibt es nützliche Infos und Beschreibungen bei Visit Britain (▶ S. 117), aber auch private Organisationen wie Wandervereine kümmern sich um die Pflege der Wege. Eine Besonderheit sind die an der Küste entlangführenden Pfade, etwa der South Downs Way (▶ S. 104).

STRÄNDE

Südenglands lange Küste bietet zahlreiche Strände für einen Sommerurlaub am Meer. Exzentrisch: Einige sind mit dem Sessellift (The Needles Chairlift), nämlich auf der Isle of Wight, andere per Fahrstuhl (Cliff Railway bzw. Cliff Lift in Bournemouth) zu erreichen. Surfer schätzen die Wellen vor Newquay sowie dessen entsprechende Infrastruktur.

Familientipps

Familien mit Kindern unternehmen Ausflüge ans Meer, besuchen das Dino-Museum oder einen traditionellen Bauernhof und zahlen dank Familienrabatt einen ermäßigten Preis.

Familientipps

◄ Familienhotels, etwa dem Fowey Hall (► S. 31), liegt das Wohlergehen der kleinen Gäste ganz besonders am Herzen.

Adventure Wonderland H 5
Ein Themenpark mit Irrgarten und vielen Jahrmarktsattraktionen, dazu Pantomime der Lewis-Carroll-Figuren im Alice-Theater.
Hurn, Christchurch bei Bournemouth, Merriton Lane • Tel. 0 12 02/ 48 34 44 • www.adventurewonderland.co.uk • Mitte März–Sept. tgl. 10–18 Uhr • Eintritt 12,95 £, Kinder bis 2 Jahre 6,95 £, Familie 48 £

Cornish Seal Sanctuary B 6
Robben (»seal«), die verwaist oder verletzt vor der Küste gefunden wurden, finden hier seit über 50 Jahren eine neue (vorübergehende) Heimat. Neben den zutraulichen, possierlichen Tieren, die in diversen Arten hier leben, sind auch Delfine, Seeschildkröten, Otter und Humboldt-Pinguine im engagiert betriebenen Zentrum untergebracht. Mehrmals täglich kann man bei der Fütterung dabei sein, dazu gibt es Vorführungen und Vorträge.
Gweek, Helford Estuary • Tel. 0 13 26/ 22 13 61 • www.sealsanctuary.co.uk • tgl. 10–18 Uhr • Eintritt 14,95 £, Kinder 12,50 £, Familie 40 £

The Dinosaur Museum G 5
Fossilien, Dinosaurier-Skelette und Rekonstruktionen; es wird auch eine Tonbildschau gezeigt. Besucher können durch Tastobjekte erleben, wie sich etwa Dinosaurierhaut anfühlt.
Dorchester, Icen Way • Tel. 0 13 05/26 98 80 • www.thedinosaurmuseum.com • April–Sept. tgl. 10–17, Okt.– März tgl. 10–16 Uhr • Eintritt 6,99 £, Kinder 5,99 £, Familie 29,99 £

Fahrrad fahren am Meer M 4
Im District Thanet, der südöstlichsten Halbinsel zwischen Margate und Ramsgate, führt der Viking Coastal Trail über 43 km am Meer entlang an malerischen Buchten, durch hübsche Dörfer und historische Kleinstädte. Der Radweg ist gut markiert, und im Tourist Information Centre der Ortschaften gibt es Karten. Auch kürzere Abschnitte bieten sich zur Erkundung an. Fahrräder lassen sich mieten bei:
– Bike Shed: Margate, 71 Canterbury Road • Tel. 0 18 43/22 88 66
– Viking Coastal Trail Cycle Hire Minnis Bay Car Park: Birchington, Minnis Bay, The Parade • Tel. 0 77 72/ 03 76 09 • www.explorekent.org/activities/viking-coastal-trail

Fishers Adventure Farm Park K 4
Shetland Ponys, Schafe und Lämmer zum Anfassen, eine Fahrt mit dem Traktor oder der Miniatur-Eisenbahn, Theater- und Zauberaufführungen und Tierdressuren, an heißen Tagen locken Wasserspiele und Bootsfahrten – viel Abwechslung für Groß und Klein.
Billingshurst (A272), Newpound Lane, Wisborough Green • Tel. 0 14 03/70 00 63 • www.fishersfarmpark.co.uk • tgl. 10–17 Uhr • Eintritt 11,25–14,25 £, Familie 10,75– 13,75 £ (je nach Saison)

Fowey Hall C 6
Ein historisches Familienhotel wie aus dem englischen Bilderbuch, stilvoll und mit allem, was Kinder und Eltern glücklich macht. Engagierte Nannys beschäftigen die Kleinen in ansprechend ausgestatteten Salons und in den Gärten, nachmittags wird

sogar ein köstlicher »High Tea« für die Kids angerichtet. Auch ein schöner Pool fehlt nicht.
Fowey, Hanson Drive • Tel. 0 17 26/ 83 38 66 • www.foweyhallhotel.co.uk • 12 Suiten und 23 Zimmer • €€€€

Howletts Wild Animal Park M 4
Gorillas, Tiger, eine Elefantenherde und seltene schwarze Rhinozerosse: Viel mehr als ein üblicher Safari-Park ist dieser 1974 vom Tierschützer Sir John Aspinall auf seinem Landsitz auf über 50 ha angelegte Tierpark. Mit dem Klettergarten und den Picknickplätzen wird das Vergnügen perfekt.
Bekesbourne (5 km südöstl. von Canterbury) • Tel. 08 44/8 42 46 47 • www.aspinallfoundation.org/howletts • April–Ende Okt. tgl. 9.30–18, Nov. –Ende März tgl. 9.30–17 Uhr • Eintritt 20,95 £, Kinder 16,95 £

Kanaltour mit dem Kanu G 3
Natur statt Sightseeing steht auf dem Programm, wenn man einen Tag mit dem Kanu unterwegs ist auf dem Somerset Coal Canal und dem Kennet und Avon Canal. Unberührte Natur abseits der Wege macht vertraut mit einem Stück Südengland, das urtümlich und wildromantisch erscheint. Die Boote findet man 8 km südöstlich von Bath (A 36) bei:
Bath Narrowboats: Bath, Brass Knocker Basin • Tel. 0 12 25/44 72 76 • www.bath-narrowboats.co.uk • Kanu 40 £

Lizard Lighthouse Heritage Centre B 6
Am südlichsten Punkt von Englands Festland steht ein funktionierender, 19 m hoher Leuchtturm. Man darf dort hinaufsteigen, sich ausführlich umsehen und auch das Nebelhorn betätigen. Interaktive Geräte ma-

Familienvergnügen und Sightseeing der anderen Art bieten Kanaltouren mit Kanu oder Kajak, etwa auf dem Kennet- und Avonkanal (▶ S. 32),

chen Kinder spielerisch mit der Funktionsweise vertraut.
Lizard Village (A3083 von Helston), Lizard Point • Tel. 0 13 26/29 02 02 • www.trinityhouse.co.uk • April–Okt. So–Do 11–17 Uhr • Eintritt 7,50 £, Kinder 4,50 £

The Look Out Discovery Centre 📖 J 3
Unterwegs mit Themen-Karten kann man zu Fuß oder mit dem Fahrrad die Berkshire-Wälder erkunden sowie Tiere und Höhlen entdecken, drinnen warten spannende Experimente und Versuche für wissbegierige Kids.
Bracknell (A322), Nine Mile Ride • Tel. 0 13 44/35 44 00 • www.bracknell-forest.gov.uk/thelookoutdiscoverycentre • tgl. 10–17 Uhr • Eintritt 7,25 £, Kinder 4,95 £, Familie 19,45 £

Monkey World Ape Rescue Centre 📖 G 5
Die Tierschutzorganisation beherbergt 240 Primaten 15 verschiedener Arten, darunter Gorillas, Schimpansen und Orang-Utans, die Opfer von illegalem Fang und Schmuggel wurden. Das Gelände umfasst Café, Picknickgärten und Abenteuerspielplatz.
Longthorns, 1,5 km nördl. von Wool an der Straße nach Bere Regis, bei Wareham (zw. Bournemouth und Dorchester) • Tel. 0 19 29/ 46 25 37 • www.monkeyworld.co.uk • tgl. 10–17, Juli, Aug. bis 18 Uhr • Eintritt 11,75 £, Kinder 8,50 £, Familie 37 £££

Mit dem Narrowboat durch Surrey und Hampshire 📖 J 4
Ein Abenteuer für Familien mit Schulkindern: Die Hausboote haben zwei bis acht Betten (sowie Küche und Bad) und tuckern mit 3 km/ Stunde auf dem Basingstoke Canal durch die Landschaft, durch Schleusen und unter Brücken hindurch.
Galleon Marine: Odiham (an der A 287), Colt Hill • Tel. 0 12 56/70 36 91 • www.galleonmarine.co.uk • Boot für 2–4 Pers. 650–975 £/Woche

Seven Sisters Sheep Centre 📖 L 5
Leben und Arbeiten auf einem Bauernhof aus dem 17. Jh., natürlich auch mit vielen Tieren.
East Dean, 5 km westl. von Eastbourne, Abfahrt Birling Gap • Tel. 0 13 23/42 33 02 • www.sheepcentre.co.uk • März, April und Juli–Okt. tgl. 10.30–17 Uhr • Eintritt 6 £, Kinder 5 £, Familie 21 £

Splashdown 📖 G 5
Innerhalb eines großen Freizeitkomplexes findet man im Wasserpark zwölf Super-Wasserrutschen.
Poole, Tower Park Leisure Complex, Tower Park, Yarrow Road • Tel. 0 12 02/71 61 23 • poole.splashdownwaterparks.co.uk • Juli, Aug. tgl. 10–21 Uhr, sonst eingeschränkt • Eintritt 11,50 £ (2 Std. 9 £), Familie 34–42 £

Wandern im Dartmoor 📖 D 5
Das Touristeninformationsbüro in Princetown in der Mitte des Dartmoor bietet Vorschläge (sowie Karten und Pläne) für Wanderungen im 1000 km^2 großen Dartmoor National Park, darunter viele von fünf bis 16 km Länge und damit auch für Familien mit Kindern geeignet.
High Moorland Visitor Centre: Princetown, Tavistock Road • Tel. 0 18 22/ 89 04 14 • www.dartmoor-npa.gov.uk

---

👪 Weitere Familientipps sind durch dieses Symbol gekennzeichnet.

Sanft geschwungene Hügel und sattgrüne Wiesen: Küstenlandschaft, wie sie typisch ist für Südengland, hier in Dorset mit Blick auf die Isle of Portland (▶ S. 63).

Unterwegs in **Cornwall und Südengland**

Zwischen »Englands Garten« im Osten und dem mediterranen Cornwall liegen legendäre Badeorte, prächtige Gärten und dichte Wälder.

Cornwall

Kleine Fischerhäfen, liebliche Hügel und sattgrüne Wiesen, wilde Klippen und ein mildes Klima prägen Cornwall, eine Landschaft typisch für Südengland – und doch ganz anders.

◂ Bedruthan Steps, eine spektakuläre Felsformation zwischen Newquay (▸ S. 42) und Padstow (▸ S. 46).

Seit Rosamunde Pilchers Romane verfilmt wurden, ist die Popularität der westlichsten Grafschaft noch mehr gestiegen. Cornwall, das sind kleine Hafenstädtchen, über deren Cottages die Möwen kreischen, der Geruch von Salz, Meer und Weite. Abseits der Küste fährt man auf schmalen Straßen unter einem Dach von Grün, da die Bäume rechts und links miteinander verwachsen sind.
Mystisches Cornwall: Nirgendwo gibt es so viele Überbleibsel der Vergangenheit: Dolmen, Steinkreise, Felsenburgen und unterirdische Grabkammern. Viele Künstler ließen und lassen sich von der Atmosphäre inspirieren. Maler und Bildhauer zieht es nach **St Ives**, einem Küstenstädtchen, das oft mit Mittelmeerdörfern verglichen wird. In der Nähe des Städtchens **Penzance** liegt das **Minack Theatre**, eine Freilichtbühne, geschlagen in die Felsklippen über dem Meer. Schwierig ist es, angesichts von Cornwall nicht allzu sehr ins Schwärmen zu geraten. Obwohl zunehmend touristisch, ist die westlichste Grafschaft nach wie vor eher ursprünglich.

Falmouth   B 6
22 000 Einwohner
Das Städtchen an der Mündung des River Fal hat einen der schönsten Häfen der Südküste Cornwalls. Bunte Boote drängen sich am Custom House Quay. Das Zentrum der Segelschifffahrt und des Bootsbaus lebt heute vorwiegend vom Tourismus. Auf der gegenüberliegenden Seite des kilometerbreiten River Fal, per Passagierfähre zu erreichen, liegt die Festung St Mawes, ein schönes Beispiel für Militär-Architektur der Tudorzeit. Die Hafeneinfahrt wird von der Burg Pendennis überragt, von Heinrich VIII. 1545 errichtet. Als Start bzw. Ziel von einigen Weltumsegelungen bekannt, bietet Falmouths drittgrößter Naturhafen der Welt eine Atmosphäre, die von Meer, Wind und Wetter geprägt ist. Da trifft es sich gut, dass es mittlerweile auch individuell gestaltete Gästehäuser und Hideaways ebenso wie urige Pubs und Top-Restaurants gibt.

SEHENSWERTES
Falmouth Art Gallery
Hervorragende Galerie, deren Ruhm sich u. a. auf die gespendeten Werke ihres bedeutendsten Mäzens Alfred de Pass gründet. Zu sehen sind über 1700 Werke Alter Meister, französischer Impressionisten, britischer Künstler des 20. Jh., eine große Sammlung von Drucken und Lithografien (etwa von Dürer, Matisse und Picasso). Der Gallery Shop bietet hochwertiges Kunsthandwerk.
The Moor, Municipal Buildings, 1. Stock • Tel. 0 13 26/31 38 63 • www.falmouthartgallery.com • Mo–Sa 10–17 Uhr • Eintritt frei

Pendennis Castle
Seit fast fünf Jahrhunderten thront die Burg über dem Städtchen: An der Einfahrt in die Falmouth Bay ließ Heinrich XIII. diese Festung er-

bauen. Ein Fußpfad führt um die heutzutage vom English Heritage unterhaltene Anlage und bietet herrliche Ausblicke auf Meer und Bucht. Auf einer Castle Tour lernt man auch die versteckten Winkel der Festung kennen, im Discovery Centre erfährt man alles über die Bedeutung von Pendennis Castle zu Kriegszeiten. Das Café hält cornische Kuchen und Scones bereit.
Castle Close • Tel. 03 70/3 33 11 81 • www.english-heritage.org.uk • tgl. 10–18 Uhr • Eintritt 7,50 £

St Mawes Castle
Gegenüber von Falmouth liegt auf der anderen Seite des Flusses im kleinen Fischerort St Mawes – und gegenüber von Pendennis Castle – die gleichnamige Festungsanlage, ebenfalls von König Heinrich VIII. in der damals üblichen Tudorarchitektur errichtet.
St Mawes, Castle Drive • Tel. 0 13 26/27 05 26 • www.english-heritage.org.uk • tgl. 10–18 Uhr • Eintritt 4,70 £

Trebah Garden
Zu Recht einer der schönsten Gärten des Landes: Hoch über der Mündung des Helford River gedeihen 8 km südwestlich von Falmouth gewaltige Baumfarne, Palmen, Rhododendren und Azaleen zwischen Teichen, Bächen und Wasserfällen. Pfade führen durch das 11 ha große, teilweise urwaldähnliche subtropische Gelände. Trebah (keltisch für »Haus an der Bucht«) wurde bereits im Domesday-(Grund-)Buch von 1068 als Besitz des Bischofs von Exeter erwähnt und 1831 von dem Quäker Charles Fox angelegt. Zur Gartenanlage gehört auch ein hübsches Café, und der vorzügliche Garten-Shop lässt die Herzen der Hobby-Gärtner höher schlagen.
Trebah Garden Trust, Mawnan Smith • Tel. 0 13 26/25 22 00 • www.trebahgarden.co.uk • tgl. ab 10 Uhr • Eintritt März–Okt. 9 £, Nov.–Febr. 4,50 £

MUSEEN
National Maritime Museum Cornwall
Das aufregende, interaktive Museum, das das Meer und dessen Bewohner als einzigartigen Lebensraum porträtiert und beim Besucher Interesse und Verständnis für das empfindliche Öko-System schafft, liegt am Hafen von Falmouth.
Discovery Quay • Tel. 0 13 26/31 33 88 • www.nmmc.co.uk • tgl. 10–17 Uhr • Eintritt 12 £, Kinder 8,50 £

ÜBERNACHTEN
The Royal Duchy
Sonnenplatz • Vor der Süd-Terrasse liegt das Meer, die Zimmer sind stilvoll und typisch britisch ausgestattet, bei schlechtem Wetter locken Indoor-Pool und Spa, und die Bar ist Treffpunkt vor dem Dinner. Eine der Top-Adressen der Stadt.
Cliff Road • Tel. 0 13 26/31 30 42 • www.royalduchy.co.uk • 43 Zimmer • €€€€

Merchants Manor
Queen-Ann-Stil • Das von Efeu umrankte Manor House lockt nicht nur mit Zimmern, die »cosy & comfty« sind, sondern auch mit einer »library« (Bibliothek) und der eleganten Lounge. Nachmittags gibt es »Cornish Cream Tea«, der im entzückenden Garten serviert wird.
1 Western Terrace • Tel. 0 13 26/31 27 34 • www.merchantsmanor.com • 39 Zimmer • €€€

The Jacobs Ladder Inn

Kultverdächtig • Das kleine Hotel liegt am Ende der in Falmouth berühmten, äußerst steilen Treppenstufen Jacob's Ladder. Zum angeschlossenen Pub, das seine Gäste mit häufiger Livemusik unterhält und der Treff vieler Locals ist, sind es nur wenige Schritte, und die kleinen Zimmer sind freundlich, sauber und mit einer Prise Individualismus ausgestattet.
1–2 Chapel Terrace • Tel. 0 13 26/ 31 10 10 • www.thejacobsladderinn.com • 4 Zimmer, 2 Schlafräume • €

ESSEN UND TRINKEN
The Shack

Shellfish-Bar mit viel Atmosphäre • Nicht nur während der Saison und an Wochenende herrscht viel Betrieb an den Tischen, die mit Meeresspezialitäten locken. Jakobsmuscheln und Austern werden im Dutzend gereicht, doch auch ein Steak wird zum Chardonnay gern serviert. Außerdem gibt es eine günstige Lunchkarte und diverse Kindermenüs.
9 Tidemill House, Discovery Quay • Tel. 0 13 26/21 28 00 • www.theshackfalmouth.co.uk • tgl. 12–15 und 18–21, Fr, Sa bis 22 Uhr • €€€

Rick Stein's Fish

Michelin-Stern • Jakobsmuscheln mit Serranoschinken, Chillies und Tomaten sind eines der Lieblingsgerichte des genialen Chefkochs Paul Ripley, der nach den Inspirationen seines berühmten Chefs Rick kocht. Im Erdgeschoss gibt es die besten »fish'n'chips« der Region – mit »mushy peas« (Erbsenpüree) und Tartarsauce zum Mitnehmen in Papier verpackt, zubereitet mit diversen Fischsorten direkt vom Fi-

Scones und Cornish Pasty vor der Kulisse des Pendennis Castle (▶ S. 37): Die Festung, die das Städtchen Falmouth überragt, ließ Heinrich VIII. errichten.

scherboot. Im ersten Stock des Lokals lockt das mehrgängige Probiermenü, dazu trinkt man Bier oder gleich ein Glas Champagner.
Discovery Quay • Tel. 0 18 41/53 27 00 • www.rickstein.com • tgl. 12–14.30 und 17–21 Uhr • €€–€€€

Amanzi
Afrikanisch inspiriert • Dieses Restaurant bietet eine der wenigen Gelegenheiten, in Cornwall südafrikanische Gerichte aus lokalen Produkten zu kosten. Köstlich ist u. a. der »Cape Malay Panzanella« genannte Salat mit Radicchio, Fenchel und Kichererbsen. Renner sind die hausgemachten Limonaden, das Ginger und Pineapple Beer.
38 Arwenack Street (neben Custom House Quay) • Tel. 0 13 26/31 26 78 • www.amanzirestaurant.co.uk • Mi–Sa 12–15, 18–22, So bis 21 Uhr • €€

Warehouse Bistro
Ausgezeichnet in jeder Hinsicht • Im zeitgenössisch designten Lagerhaus-Bistro bestellt man z. B. »Tiger Prawns« im hauchdünnen Bierteig und mit scharfen Dips, danach muss es die »Homemade Seafood Pie« sein. Seit mehr als zwei Jahrzehnten eine der besten Adressen von Falmouth, und draußen sitzen kann man besonders schön.
Custom House Quay • Tel. 0 13 26/31 30 01 • www.warehousebistro.co.uk • tgl. ab 18 Uhr • €€

The Stable
Pizza, Pie & Cider • Bruchsteinmauerwerk, gusseiserne Balkenträger und nautisches Ambiente tragen zum Erfolg des Restaurants bei, Ableger einer erfolgreichen südenglischen Restaurantkette. »Real British Pizza« (mit Sauerteig und teils unge-

Eine der Attraktionen der Lost Gardens of Heligan (▶ S. 42) ist die Erdskulptur »The Mud Maid« der britischen Künstlerin Susan Hill.

wöhnlichem Belag), bester Cider von kleinen Anbietern und traditionelle Pies stehen auf der Karte.
Old Custom House, Arwenack Street • Tel. 0 13 26/21 11 99 • www.stablepizza.com • tgl. 12–21.30 Uhr • €–€€

EINKAUFEN
Zuzi
Unwiderstehlich sind die vielen Schachteln mit bunten Perlen und maritimen Accessoires auch für Kinder und Teenager, die daraus ihre Ketten individuell zusammenstellen können. Daneben gibt es »Mugs« (Becher) mit launigen britischen Redewendungen und vieles mehr.
40 Arwenack Street • Tel. 0 13 26/31 82 12 • www.zuzicornwall.co.uk • Mo–Fr 10–17, Sa bis 17.30, So bis 16 Uhr

AM ABEND
The Quayside Inn
Das Pint oder Glas Cider schmeckt in der Umgebung des alten Hafens und im Freien einfach am besten, auch wenn man Regenjacken und wärmende Pullover brauchen sollte.
41 Arwenack Street • Tel. 0 13 26/31 21 13 • www.quayside-pub.co.uk • tgl. 11–23, So ab 12 Uhr

SERVICE
AUSKUNFT
Fal River Visitor Information Centre
Prince of Wales Pier, 11 Market Strand, Falmouth TR11 3DF • Tel. 0 13 26/74 11 94 • www.falmouth.co.uk

VERKEHR
Bahnhof
Falmouth Town Railway Station

Zug nach Truro
Avenue Road

St Mawes Ferry
Fähre von Falmouth über den Fal River (4,5 km) nach St Mawes.
Ab Prince of Wales Pier und Custom House Quay • Dauer 20 Min. • tgl. 9–17 Uhr, stdl. • Ticket 6,50 £, hin und zurück 9,50 £

Fal Mussel Card Visitor
Die Karte erlaubt unbeschränkte Fahrten mit Fähren, Bussen und dem Zug nach Truro.
1 Tag 19 £, 2 Tage 24 £, 3 Tage 28 £

Ziele in der Umgebung
Helford River B 6
Der Helford River ist ein Ästuar, eine trichterförmige Flussmündung, die von sieben Bächen gespeist wird – eine einzigartige Naturlandschaft entlang der fast 50 km langen Küste mit diversen Buchten und Wasserarmen. Und die rührige Freiwilligenorganisation Helford Voluntary Marine Conservation Area (HVMCA) kümmert sich um den Erhalt dieses für Wanderungen und Naturbeobachtungen absolut einmaligen Gebietes (www.helfordmarineconservation.co.uk). Ein Fährboot verkehrt von Helford Village nach Helford Passage (Tel. 0 13 26/25 07 70, tgl. 9.30–17 Uhr, Ticket 4 £, hin und zurück 6 £). Das Cornish Seal Sanctuary in Gweek (▶ S. 31) ist täglich ab 10 Uhr geöffnet.
www.helfordriver.net
10 km südl. von Falmouth

ESSEN UND TRINKEN
Ferryboat Inn
Austern von Prinz Charles • Die Duchy of Cornwall Oyster Farm, die auf dem Grundbesitz des britischen Thronfolgers liegt, wird betrieben von den Gebrüdern Wright,

die auch dieses traditionelle Pub-Restaurant am Helford River unterhalten. Probieren Sie das Cornish Crab Sandwich: die frischen Zutaten und das köstliche Brot machen den Unterschied.
North Helford Passage • Tel. 0 13 26/5 06 25 • www.thewrightbrothers.co.uk • tgl. 12–15 und 18–21 Uhr • €€€

◎ Lizard   B 6

Die Halbinsel wurde bereits von Alfred Tennyson poetisch gepriesen. Wer meeresumtoste Einsamkeit statt Rummel sucht, entscheide sich für Lizard statt Land's End: Im Gegensatz zu Land's End ist Lizard vom Tourismus weitgehend verschont geblieben. Englands südlichster Zipfel war für Seefahrer lange Zeit die erste Markierung bei ihrer Rückkehr in die Heimat. Wunderschön ist die herbe Landschaft mit ihrer dramatischen Klippenszenerie und den kleinen Ansiedlungen. Im Dörfchen Lizard lebt man von der Verarbeitung des örtlichen Sedimentgesteins aus Serpentin, Gneis und rotem Granit.
www.thelizard.co.uk
45 km südöstl. von St Ives

◎ The Lost Gardens of Heligan   C 6

Ein Tag reicht kaum aus, um Zauber und Vielfalt zu erfahren, die von den nahezu 400 ha großen Park ausgehen. Bekannt sind die überwachsenen Erdskulpturen von Susan Hill, die die inspirierende magische Atmosphäre, die teilweise von den Gärten ausgeht, ins Blickfeld rücken. In Heligan leben seltene Wildtiere ebenso wie cornische Lämmer und Schweine, nisten Eulen, gedeihen über 150 Jahre alte Rhododendren, die aus dem indischen Sikkim mitgebracht wurden. »Kommt nicht hierher zum Schlafen oder Schlummern« heißt es in einem in die Wand geritzten Wahlspruch des verfallenden Landsitzes.
St Austell, Pentewan • Tel. 0 17 26/84 51 00 • www.heligan.com • April–Sept. tgl. 10–18, Okt.–März bis 17 Uhr • Eintritt 12,50 £, Kinder 6 £
45 km nordöstl. von Falmouth

◎ Truro   B 6
20 000 Einwohner
Georgianische Gebäude machen den Reiz von Cornwalls Hauptstadt am Truro-River aus. Das im Unterschied zu den meisten cornischen Siedlungen nicht am Meer gelegene Truro ist touristisch weniger interessant, bietet sich für einen Zwischenstopp jedoch durchaus an, etwa wenn man auf der A 390 gen Süden nach Falmouth unterwegs ist.
www.visittruro.org.uk
16 km nördl. von Falmouth

MUSEEN
Royal Cornwall Museum
Das Royal Cornwall Museum ist das älteste Museum der Grafschaft und gut bestückt mit historischen Exponaten zur Geschichte der Stadt und der Grafschaft.
River Street • Tel. 0 18 72/27 22 05 • www.royalcornwallmuseum.org.uk • Mo–Sa 10–17 Uhr • Eintritt 4,40 £

Newquay   B 5
22 000 Einwohner
Auf Atlantikklippen thront Newquay – Meer und maritime Atmosphäre prägen den entspannten cornischen Badeort. Zehn Kilometer goldene Sandstrände säumen den Ort, und man hat jeden Tag der Woche einen anderen Strand zur Aus-

In der Bucht entlang des Towan Beach, Newquays (▶ S. 42) zentralen Strands, ragt The Island, eine kleine Insel, auf, die über eine Hängebrücke erreichbar ist.

wahl. Im Sommer kann es allerdings recht voll werden, dann kommen nicht nur britische Familien in eines der beliebtesten Ziele des Landes, auch Surfer haben den Ort entdeckt.

SEHENSWERTES
Blue Reef Aquarium
In bester strandnaher Lage leben in Dutzenden von Aquarien nicht nur heimische Fische und Meeresbewohner, sondern es werden auch exotische Arten wie Pazifische Riesenkraken und Kaimane aus der Karibik präsentiert. Besonders stolz ist man auf den großen Unterwassertunnel, der Pflanzen und Tiere tropischer Korallenriffe zeigt.
Towan Promenade • Tel. 0 16 37/ 87 81 34 • www.bluereefaquarium. co.uk • tgl. 10–18 Uhr • Eintritt 10 £, Kinder 7,75 £

Trerice Manor
5 km südöstlich der Stadt liegt ein über 500 Jahre altes elisabethanisches Herrenhaus, vom fünften Sir John Arundel erbaut. Das vom National Trust unterhaltene Anwesen besitzt nicht nur großartige Räume

und Säle, in bestem Zustand dank diverser Restaurierungen, und einen für die Entstehungszeit typischen Garten, sondern auch mehrere Hausgeister, die vorzugsweise nachts und an nebligen Tagen in Erscheinung treten. Nach Abschluss der Besichtigungstour lockt ein cornischer Tee im Café. Veranstaltet werden auch mittelalterliche Banquette, und sogar übernachten darf man nach Voranmeldung.
Kestle Mill • Tel. 0 16 37/87 54 04 • www.nationaltrust.org.uk • Sa, So 11–17 Uhr • Eintritt 7,65 £, Kinder 3,80 £

ÜBERNACHTEN
The Headland
Viktorianisch stilvoll • Das auf einer Landzunge am Fistral Beach gelegene große Bauwerk aus dem Jahr 1900 verwöhnt mit eleganten Zimmern und Suiten, einem renommierten Spa, Innen- und Außenpool, Surfschule und diversen Extras. Top: die Terrasse am Meer.
Fistral Beach, Headland Road • Tel. 0 16 37/87 22 11 • www.headlandhotel.co.uk • 96 Zimmer • €€€€

Bedruthan Steps Hotel
Grüner Anspruch • Das an Cornwalls Nordküste zwischen Newquay und Padstow am Meer gelegene Vier-Sterne-Hotel ist stolz auf seine Umweltpreise (»eco champion«) und erfüllt alle Eco-Ansprüche für das »Green Hotel of the Year«. Das familien- und kinderfreundliche Haus verfügt auch über Familienzimmer, Apartments und größere »villas«, viele mit Meerblick. Kinder mögen ihr eigenes Dinner im Tea Room, wo für sie gesunde und wohlschmeckende Gerichte zubereitet

Das luxuriöse, noch aus viktorianischer Zeit stammende Hotel The Headland (▶ S. 44) überragt den im Westen von Newquay gelegenen Fistral Beach.

werden, während die Eltern im Indigo Bay genannten Restaurant die aus frischen cornischen Zutaten zubereiteten Menüs schätzen.
Mawgan Porth (8 km nördl. von Newquay) • Tel. 0 16 37/86 05 55 • www.bedruthan.com • 101 Zimmer • €€€

Legacy Hotel Victoria
Auf der Steilküste • Gewaltiger schlossähnlicher, etwas in die Jahre gekommener Hotelkomplex, alle Zimmer mit fantastischem Meerblick. Hoteleigenes »Oh la la«-Spa.
East Street • Tel. 0 16 37/87 22 55 • www.hotel-victoria.co.uk • 71 Zimmer • €€€

Sunnyside
Zentral und strandnah • Das gepflegte viktorianische Haus mit Blick auf die Bucht von Newquay ist ideal, wenn man die vielen Pubs und Restaurants in der Nachbarschaft genießen will und tagsüber am Strand surfen möchte.
5–7 The Crescent • Tel. 0 16 37/87 33 38 • www.sunnyside.co.uk • 55 Zimmer • €€

Base Surf Lodge
Treffpunkt für Surfer • Der Surfunterricht gilt als einer der besten der Region, und die dazu notwendige Ausrüstung gibt es kostenlos. Das Hotel bietet moderne und gepflegte (Mehrbett-)Zimmer, teilweise mit Blick zum Fistral Beach, mit »bunk beds« (Etagenbetten), nettem Loungeroom und Terrasse, umgeben von Palmen und tropischen Pflanzen.
20 Tower Road • Tel. 0 77 66/13 21 26 • www.basesurflodge.co.uk • 5 Zimmer und 4 Schlafräume für 4–6 Pers. • €

ESSEN UND TRINKEN

Meadery
Medieval setting • Populäres Themenrestaurant, in dem Mobiliar und Dekoration mittelalterlich anmuten sollen. Steaks, Burger und andere Fast-Food-Gerichte, aber auch gute Fischspezialitäten. Besonders empfehlenswert: »Poached Salmon« und »Monkfish Terrine« sowie »Homemade Fish Pie«.
Marcus Hill • Tel. 0 16 37/87 30 00 • www.newquaymeadery.co.uk • tgl. ab 18 Uhr • €€–€€€

Indian Dining Club
Duft von Curry • Vier indische Köche aus verschiedenen Landesteilen des Kontinents sorgen für Abwechslung und authentische Gerichte. »Papadams«, »Raitha« und »Crab Malabari« als Starter, für den Hauptgang lässt man sich beraten.
Station Parade, gegenüber dem Bahnhof • Tel. 0 16 37/83 91 25 • www.indiandiningclub.co.uk • tgl. 12–14.30 und 17–23 Uhr • €€

Señor Dick's
Margaritas und Ale • Mexikanische Küche und Pub-Atmosphäre gehen hier eine geglückte Verbindung ein. Probieren Sie die Margaritas und als Vorspeise eine Guacamole.
East Street • Tel. 0 16 37/87 03 50 • www.senordicks.co.uk • tgl. 18–23 Uhr • €€

The Harbour Rest Café
Altbewährt • Die Harbour-Hill-Lage und der Blick aufs Meer verleiten dazu, länger auf der Terrasse sitzen zu bleiben. Morgens gibt es das übliche Frühstück, Suppen und Paninis zum Lunch, und ein Cream Tea lockt in der Nachmittagssonne.

2 South Quay Hill • Tel. 0 75 61/
33 60 65 • www.theharbourrestcafe
newquay.co.uk • Do–Di 9–16, Juli,
Aug. bis 21 Uhr • €

SERVICE
AUSKUNFT
Newquay Tourist Information Centre
Municipal Offices, Marcus Hill • Tel. 0 16 37/85 40 20 • www.visit newquay.org

AKTIVITÄTEN
Trenance Gardens and Leisure Park
Inmitten eines parkartigen Geländes liegen ein See mit Ruderbooten, Tennisplätze und ein Golfplatz, dazu locken ein Swimmingpool, ein kleiner Reitstall sowie ein Tiergarten.
Trenance Road • Tel. 01 7 26/22 33 00 • Eintritt frei

SURFSCHULEN
Im britischen Zentrum des Surfsports herrscht an Surfschulen kein Mangel. Surfbretter und – falls Bedarf besteht – auch Neopren-Anzüge werden verliehen. Beliebt ist die:

Quiksilver Surf School
9 Esplanade Road, Pentire • Tel. 0 16 37/85 18 00 • www.quiksilversurf schoolnewquay.com

Ziele in der Umgebung
◎ Eden Project ⭐ C 5/6
An gigantische Golfbälle erinnern die wohl berühmtesten Gewächshäuser der Welt. Die Idee des Projektes hatte der britische Archäologe und Gartenliebhaber Tim Smit, der bereits die Lost Gardens of Heligan wieder zum Leben erweckte. Mitten in einer ehemaligen Kaolingrube entwarf Architekt Nicholas Grimshaw die gewaltigen, 50 m hohen, Biome genannten Gewächshäuser, die nicht nur tropische Regenwälder, sondern auch mitteleuropäische, mediterrane, kalifornische und australische Pflanzenwelt beherbergen. Auch im Außenbereich sind noch zahlreiche interessante Pflanzen zu entdecken. Ein Besuch dieses außergewöhnlichen botanischen Gartens ist nicht nur lehrreich, sondern auch inspirierend und gleichzeitig ökologisch korrekt. Im Café werden Salate und Pies angeboten, die so lecker aussehen, als seien sie von Nigela Lawson zubereitet, und es gibt Saft aus afrikanischen Baobab-Bäumen.
Bodelva, St Austell • www.eden project.com • tgl. 10–18, Winter bis 16.30 Uhr • Eintritt 25 £, Kinder 14 £
30 km östlich von Newquay

◎ Padstow C 5
2900 Einwohner
Der Hafenort an der Mündung des Flusses Camel geht zurück auf eine Klostergründung des cornischen Schutzheiligen Petrock im 6. Jh., der hier eine Zeit lang lebte. Auch Sir Walter Raleigh, der berühmte Seefahrer und Entdecker, erkor Padstow im 16. Jh. vorübergehend zu seiner Heimat. Heutzutage ist der Ort bekannt wegen mehrerer vom britischen Fernsehkoch und Unternehmer Rick Stein betriebenen Restaurants. Das Seafood Restaurant findet seit mehr als zwei Jahrzehnten Zuspruch, und die Padstow Seafood School weiht in einige Geheimnisse seines Könnens ein. Auch einen Stein's Gift Shop mit Kochbüchern und Küchenutensilien gibt es.
www.padstowlife.com
16 km nordöstl. von Newquay

Eine botanische Reise rund um die Welt erleben Besucher in den riesigen Gewächshäusern und dem Außenbereich des Eden Project (▶ MERIAN TopTen, S. 46).

SEHENSWERTES
National Lobster Hatchery
Es gibt immer weniger Hummerkolonien, hier geht man dagegen an. Junge Hummer werden aufgepäppelt und später ins Meer entlassen.
South Quay, Padstow • www.nationallobsterhatchery.co.uk • tgl. 10–17 Uhr • Eintritt 3,75 £, Kinder 1,75 £

ÜBERNACHTEN
The Old Ship
Im Dorfzentrum • Angenehm zurückhaltend und klar präsentiert sich die Einrichtung des kleinen, sehr engagiert geführten Hotels mit angeschlossenem Restaurant und beliebtem Pub.
Mill Square, Padstow • Tel. 0 18 41/53 23 57 • www.oldshiphotel-padstow.co.uk • 15 Zimmer • €€–€€€

ESSEN UND TRINKEN
Rick Stein's Café
Weiterer Ableger von Rick Steins Imperium ist dieses Bistro mit lockerer Atmosphäre, das die Internationalität des prominenten Küchenchefs unter Beweis stellt. Neben leckeren Thai-Fishcurrys gibt es

neuenglischen Seafood Chowder und brasilianische Fischsuppe.
10 Middle Street, Padstow • Tel. 0 18 41/53 27 00 • www.rickstein.com • tgl. 8–14.30, 17–21.30 Uhr • €€€

Tintagel   C 5

Als jener Ort, an dem der Legende nach König Artus geboren wurde, beeindruckt Tintagel Castle noch heute. Zu seinen Füßen lebte der Zauberer Merlin, der Artus beeinflusste, in einer Felsgrotte.
45 km nordöstlich von Newquay

SEHENSWERTES
Tintagel Castle
Nur durch eine enge Landzunge mit dem Festland verbunden, thront der mystische Ort an der Steilküste, vermutlich ab dem 5. Jh. als keltische Klosteranlage errichtet. Nicht nur Merlin und Artus stehen mit den Ruinen in Zusammenhang, auch das unglückliche Liebespaar Tristan und Isolde (auf das sich Richard Wagners Musikdrama stützt) sind mit Tintagel verbunden. Als Ritter von König Artus' Tafelrunde erhielt Tristan den Auftrag, in Irland für ihn um die Hand von Isolde anzuhalten. In Tintagel sollen die beiden begraben sein. Bei der Führung bekommt man zwei Weidenbäume zu sehen, die aus dem Grab wachsen und deren Äste sich gegenseitig umschlingen.
Castle Road • Tel. 0 18 40/77 03 28 • www.english-heritage.org.uk • tgl. 10–18 Uhr • Eintritt 6,30 £, Kinder 3,80 £

ÜBERNACHTEN
Michael House
Hideaway • Romantisch in einem kleinen Weiler mit Blick auf Meer und Felder ist diese Unterkunft gelegen. Die Inhaber sind Veganer (und Mitglied der angesehenen britischen Vegetarian Society) – daher bietet ihr Restaurant auch köstliche vegetarische bzw. vegane Gerichte – und betreiben ihr traditionelles B&B sympathisch und engagiert. Ganz in der Nähe beginnt der herrliche Küstenwanderweg (»coastal footpath«), zum Strand sind es lediglich 15 Minuten zu Fuß.
Treknow (2 km südl. von Tintagel), Trelake Lane • Tel. 0 18 40/77 05 92 • www.michael-house.co.uk • 3 Zimmer • €

Penzance
21 000 Einwohner
Die über der Mount's Bay gelegene Stadt Penzance besitzt zahlreiche Terrassen und Plätze im Regency-Stil. Sehr sehenswert sind die Chapel Street mit dem Egyptian House (1830) und diverse viktorianische Gebäude, die sich über die Stadt verteilen, wie etwa das im Jahr 1838 erbaute Market House. Von Marazion (4 km östlich) aus kann man bei Ebbe über einen Damm (bei Flut mit Fährbooten) den St Michael's Mount erreichen. Über der kleinen Insel thront eine wehrhafte Festung aus dem 14. Jh., die sich aus einem bescheidenen Benediktinerkloster (11. Jh.) entwickelt hat. Von dort aus bietet sich eine großartige Rundumsicht über die Bucht.

SEHENSWERTES
Egyptian House
Eine Kuriosität: Das Bauwerk wurde 1835 als Mineralogie-Museum und Shop für Geologen-Artikel gebaut. Mit seiner bunten orientalischen Fassade zieht es alle Blicke auf sich. Der Eigentümer Landmark Trust hat

im Haus drei Apartments zur Vermietung eingerichtet.
Chapel Street • www.landmarktrust.org.uk

Market House

Das 1835 als Marktgebäude entstandene Bauwerk aus hellem Granit und einer großen Kuppel gehört zu den auffälligsten Gebäuden von Penzance, zeigt jedoch deutliche Spuren von Verfall im Erdgeschoss. Ein Teil des Market House wird von Lloyds Bank als Geschäftsräume genutzt.
Market Jew Street (oberes Ende) • Mo–Fr 9–17, Do bis 19, Sa 9–13 Uhr (Banköffnungszeiten) • Eintritt frei

St Michael's Mount B 6

St Michael's Mount ist eine Kopie des berühmten Mont-Saint-Michel in der Normandie. Die Gezeiteninsel liegt 400 m vor der Küste und ist per Fährboot oder bei Niedrigwasser zu Fuß über einen Damm zu erreichen. Auf dem Felsen thront eine Schloss- und Abteianlage, die zur Zeit der normannischen Herrschaft Ende des 11. Jh. den Benediktinermönchen gehörte und dem französischen Mont-Saint-Michel übereignet wurde. Auf dem Gipfel des Inselberges steht eine Kirche, die

FotoTipp

HEILIGER INSELBERG

Einen alles umfassenden Blick auf St Michael's Mount – auf die Insel mit Burg und Kirche sowie die Häuser des am Fuße des Burghügels liegenden Villages mit seinem Hafen – hat man vom Abfahrtsquay für die Shuttle-Boote (Fähren) in Marazion. ▸ S. 49

Bei Ebbe lässt sich der vor dem Städtchen Penzance aus dem Meer ragende St Michael's Mount (▸ S. 49) zu Fuß erreichen.

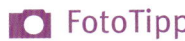

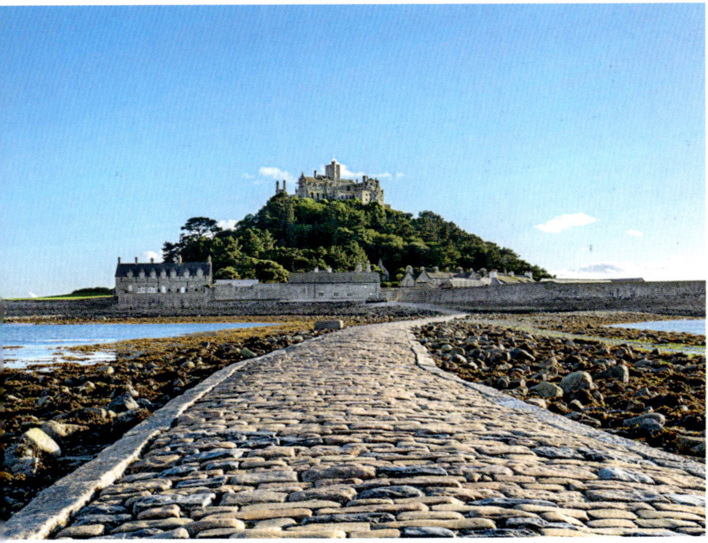

St Michael's Mount zur Pilgerstätte avancieren ließ. Die St-Aubyn-Familie, die schon in zwölfter Generation hier lebt, vermachte die Insel 1954 dem National Trust, sicherte sich aber das Wohnrecht. Ein Teil des Schlosses ist heute Museum.
Marazion (5 km östl. von Penzance) • Tel. 0 17 36/71 02 65 • www.st michaelsmount.co.uk • Mitte März–Okt. So–Fr 10.30–17 Uhr • Fährboot 2 £, Kind 1 £ (einfach) • Eintritt 11,50 £, Kinder 5,50 £

Tremenheere Sculpture Gardens
Der erst 2012 eröffnete Garten sieht trotz seines jungen Alters schon erstaunlich eingewachsen aus. Ein geschütztes Tal bietet nicht nur szenische Ausblicke auf das Meer, sondern erlaubt dank seines besonderen Mikroklimas auch, dass seltene Pflanzen aus allen Erdteilen hier bestens gedeihen. Besonderheit sind zudem zahlreiche Installationen international anerkannter Künstler.
Nordöstlicher Stadtrand • Tel. 0 17 36/44 80 84 • www.tremenheere.co.uk • So–Mi 10–16, Do–Sa bis 17 Uhr • Eintritt 8 £, Kinder 4,50 £

Trengwaintron Garden B 6
Ein prächtiges Herrenhaus mit umgebenden Gärten: Von der Terrasse und einigen Stellen im Park bietet sich ein großartiger Blick auf die Mount's Bay und die Halbinsel The Lizard. Dank des ehemaligen Besitzers Rose Preis, Sohn jamaikanischer Pflanzer im 19. Jh., gedeiht im Park eine Vielzahl exotischer Pflanzen. Das Anwesen wird heute vom National Trust verwaltet.
Madron Road, Madron (3 km nordwestl. von Penzance) • Tel. 0 17 36/36 31 48 • www.nationaltrust.org.uk • Mo–Do, So 10.30–17 Uhr • Eintritt 7,10 £, Kinder 3,55 £

MUSEEN
Penlee House Gallery & Museum
In einem Park gelegenes viktorianisches Herrenhaus: Das einzige Museum der Grafschaft überdies, das sich den Werken früher Künstler aus St Ives und der spätimpressionistischen Newlyn School widmet, einer Künstlerkolonie aus dem gleichnamigen Dorf nahe Penzance, die vom 18. Jh. bis ins 20. Jh. aktiv war.
Penlee Manor Drive (Morrab Road) • Tel. 0 17 36/36 36 25 • www.penlee house.org.uk • Mo–Sa 10–17 Uhr • Eintritt 4,50 £, Kinder frei

ÜBERNACHTEN
Hotel Penzance
Edwardianischer Architekturstil • Mit Blick über den Hafen von Penzance genießen die Hotelgäste einen Hauch maritimer Atmosphäre.
Briton's Hill • Tel. 0 17 36/36 31 17 • www.hotelpenzance.com • 25 Zimmer • €€€€

Sophia's B&B
Heiter mit Meerblick • Einen unbeschwerten Beach Look in Pastellfarben zeigen die Zimmer der kleinen, engagiert geführten Pension.
The Promenade • Tel. 0 17 36/33 33 63 • www.sophiaspenzance.co.uk • 4 Zimmer • €€€

The Longboat Inn
Pub aus dem 17. Jh. • In der Atmosphäre eines typischen Country-Pubs wohnt man in komfortabel ausgestatteten Zimmern.
Market Jew Street • Tel. 0 17 36/36 41 37 • www.longboatinn.co.uk • 17 Zimmer • €€

Guest Lodge
Ohne Schnörkel • Im recht teuren Penzance eine der wenigen Möglichkeiten, preiswert und doch gepflegt unterzukommen.
The Promenade • Tel. 0 17 36/ 36 68 82 • www.guestlodge penzance.co.uk • 9 Zimmer • €

ESSEN UND TRINKEN
Alverne
Tapas und mediterrane Küche • Wenn auch die Selbstbezeichnung als »bestes Restaurant von Penzance« etwas überzogen ist, so genießt man hier doch in schöner Umgebung Klassiker der spanischen und italienischen Küche.
30 Alverton Street • Tel. 0 17 36/ 36 60 07 • Mo 9–14.30, Di–Sa 9–14.30, 17–21 Uhr • €€€

Star Inn
Pub Grub und etwas mehr • An regnerischen Tagen oder abends eine gute Adresse, um typisch britisches Fast Food zu ordern und dabei einen Cider oder ein Ale zu trinken.
119 Market Jew Street • Tel. 0 17 36/ 36 46 06 • www.guestlodge penzance.co.uk • tgl. 11–23 Uhr • €€

Gino's Spaghetti House
Pasta mit Meerblick • Immer wieder ein Genuss: frische Linguine, Spaghetti oder Rigatoni, die mit einer köstlichen, vorzugsweise vegetarischen Sauce gereicht werden.
The Promenade • Tel. 0 17 36/ 35 04 47 • tgl. 12–14, 18–22 Uhr • €

EINKAUFEN
Iriss
Seit mehr als zwei Jahrzehnten ist dieser Laden eine Fundgrube für traumhaft schöne, hochwertige, teils handgesponnene Wolle aus der Region sowie aus Irland, Südamerika und den USA.
66 Chapel Street • Tel. 0 17 36/ 36 65 68 • www.iriss.co.uk • Mo–Fr 8–20, Sa 8–14 Uhr

SERVICE
AUSKUNFT
National Trust Visitor Centre
Station Approach, Station Road (gegenüber dem Bahnhof) • Tel. 0 17 36/ 33 55 30 • www.purelypenzance.co.uk

 MERIAN Tipp

SCILLY WALKS A 6
Auf der Scilly-Insel St Mary's werden begleitete und verschiedene thematische Spaziergänge veranstaltet. Ausgestattet mit wetterfester Kleidung, kann man entlang der Klippen die Dramatik der Scillys ebenso wie ihre lieblichen Seiten erleben. ▶ S. 16

Ziele in der Umgebung
Isles of Scilly   A 6
22 000 Einwohner
Die Isles of Scilly nahe der Küste Cornwalls bestehen aus 145 Inseln, die meisten winzig klein, und nur fünf davon bewohnt. Bekannt sind die für Scillys Vergangenheit typischen sechssitzigen Gig-Ruderboote mit einer Länge bis zu 8 m, denn in früheren Jahrhunderten war Rudern für die Inselbewohner ein bedeutender Broterwerb. Auf den Scillys lebende Lotsen wurden auf den offenen Atlantik und an Bord der Handelsschiffe gebracht, um die ortsunkundigen Schiffsmannschaften auf Klippen und Untiefen auf-

Die rund sieben Kilometer, die die St Ives Bay Line (▶ MERIAN Tipp, S. 17, 53) entlang der Küste zurücklegt, gelten als eine der malerischsten Zugstrecken Englands.

merksam zu machen. Heute sind es hauptsächlich Ausflugsboote, die die Atmosphäre in der kleinen Inselhauptstadt Hugh Town auf der Insel St Mary's (1500 Einw.) prägen. Mit Gig-Booten veranstalten die Inselbewohner jeden Freitag und Mittwoch in der Saison Regatten.
www.the-scilly-isles.com
Ca. 50 km westlich von Penzance

SEHENSWERTES
Tresco Abbey Garden
Das besonders milde Klima erlaubte im 19. Jh. Augustus Smith, einem einstigen Eigentümer der Inseln, die Anlage eines subtropischen botanischen Gartens auf dem Gelände eines Benediktinerklosters, dessen Ursprünge ins 12. Jh. zurückreichen. Mittendrin befindet sich die Sammlung von Gallionsfiguren, die aus Schiffen stammen, die vor den Scillys an den Klippen Schiffbruch erlitten – Erinnerung daran, dass das Paradies nicht immer friedlich ist.
Tresco • Tel. 0 17 20/42 28 49 • www.tresco.co.uk • tgl. 10–16 Uhr • Eintritt frei

ÜBERNACHTEN
Karma
Barfuß im Sand • Das 2014 eröffnete und bislang einzige Hotel auf der Insel gehört zu einer Gruppe von luxuriösen Hideaways. Top-Lage am Meer, weißer Sandstrand und chillige Musik zu den Cocktails zaubern eine unvergleichliche Atmosphäre.
St Martin's, Lower Town • Tel. 03 33/ 3 23 23 53 • www.karmaresorts.com • 30 Zimmer • €€€€

Schooners
Meer- und Hafenblick • Von der Hotellounge schaut man auf Segelboote, die Zimmer sind mit maritimen Objekten ausgestattet, nebenan

befindet sich ein Workshop für Schiffszubehör, und das Hotel besitzt eine schmucke Segeljacht. Abends trifft man sich auf einen Drink in der Schooners Bar.
St Mary's, Hugh Town, Thoroughfare, Twon Beach • Tel. 0 17 20/42 26 82 • www.schoonershotel.co.uk • 12 Zimmer • €€€

Tolman Guesthouse
Wärmflaschen inbegriffen • Von jedem Zimmer des kleinen Hotels mit Klippenlage schaut man auf das Meer, und die behagliche Lounge überblickt Old Town Bay.
St Mary's, Old Town • Tel. 0 17 20/ 42 29 67 • www.tolmanhouse-scilly. co.uk • 3 Zimmer • €€

SERVICE
AUSKUNFT
Tourist Information Centre
St Mary's, Hugh Town, Hugh Street • Tel. 0 17 20/42 40 31 • www.visit islesofscilly.com, www.simplyscilly. co.uk

VERKEHR
Fähre ab Penzance:
März–Nov. tgl. 9.15, zurück 16.30 Uhr • Ticket 42 £, Kinder 21 £, Tagesrückfahrt 35 £, Kinder 18 £

Flug ab Land's End
Tgl. 9.30–17 Uhr stdl. • Ticket 80 £ (hin und zurück) • Tel. 0 17 36/33 42 20 • www.islesofscilly-travel.co.uk

◎ Land's End   A/B 6
Die westlichste Halbinsel Cornwalls mit 80 km langer rauer Küste, in der sandige Buchten und Häfen versteckt sind, endet in einer Landzunge, die in einen bunten Freizeit- und Unterhaltungspark verwandelt wurde. Vom Rand der Klippen blickt man – theoretisch – gen Amerika. Wer einen kleinen Fußmarsch nicht scheut, sollte sein Auto in Sennen Cove (2,5 km nördlich) abstellen und sich der Landspitze auf dem Küstenwanderweg nähern.
16 km westl. von Penzance

◎ Minack Theatre   B 6
Vor etwa einem halben Jahrhundert erfüllte sich bei Porthcurno (der Weg von dort ist ausgeschildert) in der Nähe von Penzance der Traum der Rowena Cade: Die Engländerin wohnte der Eröffnungsvorstellung ihres Freilichttheaters bei. Gegeben wurde das Shakespeare-Stück »Der Sturm«. Stürmisch ging es seitdem noch häufig zu, denn Bühne und Sitzplätze wurden in mühevoller Arbeit aus den Klippen gehauen.
www.minack.com • Besichtigung April–Sept. tgl. 9.30–17.30, Okt.– März tgl. 10–16 Uhr • Eintritt 4,50 £ • Vorstellungen Mai–Sept. tgl. 20 Uhr • Eintritt 9,50–11,50 £
15 km südwestl. von Penzance

★ MERIAN Tipp

ST IVES BAY LINE   B 6
»Most scenic«: Mit der Eisenbahn von St Erth entlang der Küste der St Ives Bay nach St Ives.   ▶ S. 17

St Ives   B 6
17 000 Einwohner
Stadtplan ▶ S. 55
Das milde Klima, weiß getünchte pittoreske Häuser, eine sanft geschwungene Bucht vor schimmernden Meereswogen – der oft gezogene Vergleich mit Südfrankreich ist si-

cherlich nicht abwegig. Das Leben in St Ives, an einer weiten Bucht der Halbinsel Cornwall gelegen, findet vorwiegend unter freiem Himmel statt. Im Sommer locken Straßencafés und Bistros, Segler und Surfer spielen mit Wind und Wellen. Vergessen ist die ehemalige Bedeutung als Exporthafen für Zinn und Kupfer, quicklebendig ist die Kunstszene.

 MERIAN Tipp

SEAL ISLAND ▶ B 6
Boot-Trips gibt es viele in St Ives. Ein Klassiker und besonders schön ist die Tour mit dem Motorboot Dolly P. zur felsigen Seal Island, etwa 6 km westlich von St Ives. ▶ S. 17

SEHENSWERTES
Parish Church (St Ia Church)
▶ S. 55, b 2
Die Pfarrkirche stammt aus dem 15. Jh. Es ist die Skulptur »Madonna und Kind« von Barbara Hepworth, die viele Kunstinteressierte anzieht.
St Andrew's Street • tgl. 9–19 Uhr

Porthmeor Beach ▶ S. 55, b 2
Der mit der Blauen Flagge ausgezeichnete breite Sandstrand ist der schönste der Stadt, er wird überragt von dem Gebäude der Tate Gallery.

St Nicholas Chapel ▶ S. 55, c 1
Auf der in die Bucht hineinragenden Halbinsel im Norden der Stadt erhob sich einst eine Burg. Auf deren Grundmauern hat man diese Kirche errichtet. Von dort hat man eine wundervolle Aussicht auf St Ives.
The Island • www.stiveschurch.org.uk • Sommer tgl. 9.30–18 Uhr

MUSEEN
Barbara Hepworth Museum & Sculpture Garden ▶ S. 55, b 2
1939 zogen die Bildhauerin Barbara Hepworth (1903–1975) und ihr Mann Ben Nicholson nach St Ives. Nicholson bezog das Atelier No. 5, direkt am Strand in der Back Road West, Barbara Hepworth das Trewyn Studio. Das Studio, Wohnhaus und der Garten der Bildhauerin wurden in ein Museum umgewandelt, das faszinierende Einblicke in das Schaffen der Künstlerin gewährt.
Barnoon Hill • Tel. 0 17 36/79 62 26 • www.barbarahepworth.org.uk/st-ives • März–Okt. tgl. 10–17.30, Nov.–Feb. Di–So 10–16.30 Uhr • Eintritt 6,60 £, mit Tate St Ives 10 £

St Ives Museum ▶ S. 55, c 1
Das Museum zeigt Exponate zur Geschichte der Industrie Cornwalls, zur Archäologie und Seefahrt.
Wheal Dream • Tel. 0 17 36/79 60 05 • April–Okt. Mo–Fr 10–17, Sa bis 16 Uhr • Eintritt 2 £

⭐ Tate St Ives ▶ S. 55, b 2
In einem zum Meer hin geöffneten Gebäude werden Werke aus dem Bestand der Londoner Tate Gallery ausgestellt, vornehmlich die in St Ives entstandenen Bilder.
Porthmeor Beach • Tel. 0 17 36/ 79 62 26 • www.tate.org.uk/stives • März–Sept. tgl. 10–17.20, Okt.–Feb. Di–So 10–16.20 Uhr • Eintritt 8,25 £, mit Barbara Hepworth Museum 10 £

SPAZIERGANG
Das Tourist Information Centre bietet 3 bis 9 km lange geführte Spaziergänge entlang der Küste an. Wer sich lieber allein auf den Weg macht, dem sei die kleine Halbinsel The Island

hinter der Stadt empfohlen. Viele Pfade führen über den Felsen, und ein Rundgang leitet stellenweise an steil abfallenden Klippen entlang. Vom Bahnhof St Ives führt ein »cliff walk« in südöstlicher Richtung an der Carbis Bay entlang bis zur Mündung des Flusses Hayle, insgesamt 5 km Meerblick. Zurück fährt man mit der Eisenbahn von Lelant. Dauer: 2 Std.

ÜBERNACHTEN

The Garrack Hotel ▶ S. 55, westl. a 2
Fantastischer Meerblick • Das Haus hoch über dem Porthmeor Beach verfügt über Swimmingpool, Sauna und Tennisplatz. In dem 2 ha großen Anwesen stehen Sessel und Liegen bereit, umgeben von Grün.
Burthallan Lane • Tel. 0 17 36/79 61 99 • www.garrack.com • 18 Zimmer • ♿ • €€€€

Primrose Valley ▶ S. 55, südl. c 3
Historische Villa • Die edwardianische Villa besitzt stilvolle, unterschiedlich dekorierte Zimmer mit luxuriöser Ausstattung, einige mit Meerblick; außerdem gibt es einen Schönheitssalon.
Porthminster Beach • Tel. 0 17 36/79 49 39 • www.primroseonline.co.uk • 10 Zimmer • €€€€

Trevose Harbour House ▶ S. 55, b/c 3
Charmantes Boutique-Hotel • Das weitgereiste einstige Studentenpaar Angela und Olivier betreibt eines der schönsten der in den letzten Jahren eröffneten Hotels. Extravagant und freundlich ausgestattete, luxuriöse Zimmer in einem restaurierten Terrassenhaus am Hafen.
22 The Warren • Tel. 0 17 36/79 32 67 • www.trevosehouse.co.uk • 6 Zimmer • €€€€

📷 FotoTipp

HAFEN VON ST IVES
Ein wunderschöner Blick ergibt sich vom Porthminster Beach auf den Hafen und den Strand von St Ives. ▶ S. 57

Tregenna Castle Hotel 🛏️🍴
▶ S. 55, südl. c 3
Komfort und Sport • Schlösschen über der Stadt mit Tennis, Golf, Pool und Abenteuerspielplatz. Dazu »self catering cottages« und Apartments.
Tregenna Terrace • Tel. 0 17 36/79 52 54 • www.tregenna-castle.co.uk • 81 Zimmer • ♿ • €€€

The Queen's Hotel ▶ S. 55, b 3
Maritimer Touch • Die aufwendig renovierten Zimmer sind mit Objekten von lokalen Künstlern ausgestattet und in frischen Farben gestaltet. Die komfortablen Betten und die günstigen Preise sorgen für ein immer wiederkehrendes Stammpublikum, und der sogenannte Gastro-Pub bietet Essen auf hohem Niveau.
High Street • Tel. 0 17 36/79 64 68 • www.queenshotelstives.com • 10 Zimmer • €€

The Regent ▶ S. 55, b 3
Rooms with a view • Von jedem Hotelfenster bietet sich ein wunderbarer Blick zum Hafen und Strand.
Fern Lea Terrace • Tel. 0 17 36/79 61 95 • www.regenthotel.com • 9 Zimmer • €€

ESSEN UND TRINKEN
Mermaid Seafood Restaurant ▶ S. 55, c 2
Daily specials • Mittags stehen hier preiswerte Menüs auf der Karte, am Abend wählt man aus einem umfangreichen Angebot an Fischspezialitäten. Der Fisch kommt täglich frisch vom Quay.
21 Fish Street • Tel. 0 17 36/79 68 16 • www.mermaidstives.co.uk • tgl. 18.30–22, Ostern–Okt. auch 12–14 Uhr • €€€

The Beach Restaurant ▶ S. 55, b 2
Wildgerichte • Das Restaurant serviert neben den in St Ives vorherrschenden Fischgerichten vor allem Wild und Geflügel, aber auch Suppen, Salate und Sandwiches stehen auf der Speisekarte.
The Wharf • Tel. 0 17 36/79 87 98 • www.beachrestaurant.co.uk • tgl. 9.30–22 Uhr • €€

Porthminster Beach Café
▶ S. 55, südl. c 3
Seafood am Strand • Während man auf »Crispy Fried Suid« (Tintenfisch) im Thai-Stil wartet, schaut man auf die Bucht und den Leuchtturm. An den Picknickbänken der benachbarten, im Sand gelegenen Beach Bar muss es dann ein Krug eisgekühlten Pimm's sein.
Porthminster Point, Porthminster Beach • Tel. 0 17 36/79 53 52 • www.porthminstercafe.co.uk • tgl. 9–21.30 Uhr • €€

Caffe Pasta & Pizzeria ▶ S. 55, c 2
Die Lage macht's • An der Strandpromenade mit Blick auf weißen Sand und Palmen hat man nicht nur die Wahl unter dem üblichen Angebot eines südenglischen Café-Restaurants, sondern kann auch ofenfrische Pizza und diverse schmackhafte Pastagerichte ordern.
The Wharf • Tel. 0 17 36/79 88 99 • www.caffepasta.co.uk • tgl. 8–22 Uhr • €

Ein schönes Fotomotiv bietet sich vom Porthminster Beach südöstlich des Ortes auf den Hafen und den Strand von St Ives (▶ S. 53).

Tate St Ives Café ▶ S. 55, b 2
Kunst und Meerblick • Das Besondere dieses Cafés ist der Blick über die schiefergedeckten Dächer der Stadt und die unendliche Weite des Meeres. Hier kann man sich eine Kunstpause in exponierter Umgebung gönnen. Häufig genießen auch Künstler und Kunststudenten das Ambiente und kommen auf einen kurzen Imbiss hierher. Das kulinarische Angebot greift auf regionale Zutaten zurück, aus denen die Gerichte, Sandwiches und Salate zubereitet werden.
Porthmeor Beach, in der Tate St Ives • www.tate.org.uk/stives • €

AM ABEND
The Garrack Bar ▶ S. 55, westl. a 2
Unter die Hausgäste des angenehmen Hotels hoch über dem Porthmeor Beach mischen sich seit jeher auch alteingesessene Bürger von St Ives. Der Whisky schmeckt besonders gut, wenn der Hund zu Füßen des Herrchens liegen darf.
The Garrack Hotel, Burthallan Lane • Tel. 0 17 36/79 61 99 • tgl. ab 18 Uhr

The Sloop Inn ▶ S. 55, b 2
The Sloop Inn ist bereits seit 1312 ein »harbourside pub«, eine Fischerkneipe und, besonders am Wochenende, der Treffpunkt lokaler Besucher. Umfangreich ist das Angebot an regionalen Bieren. Ideal als Ausklang nach einem Dinner.
Back Lane • Tel. 0 17 36/79 65 84 • www.sloop-inn.co.uk • tgl. 12–24 Uhr

SERVICE
AUSKUNFT
Visit St Ives Information Centre ▶ S. 55, c 2
The Guildhall, Street-An-Pol • Tel. 0 17 36/79 62 97 • www.visit stives.org.uk

Devon und Dorset

An der Küste locken elegante Badeorte, im Hinterland der schönste Wald Südenglands, der New Forest, ein Wanderparadies zwischen Heidekrauthügeln und Eichenwäldern.

◂ Up in the air: In den Central Gardens in Bournemouth (▸ S. 59) starten Fesselballons zu Touren.

Unbeschwertes Devon – für nicht wenige Briten ist die Grafschaft Devon identisch mit Stränden und Badeorten. Das Klima ist besonders mild, und seit mehr als 100 Jahren gedeihen die aus tropischen Ländern mitgebrachten Pflanzen und Palmen besonders gut. **Torquay** ist das Herz der englischen Riviera, während **Plymouth** Inbegriff maritimer Tradition ist und Standort der königlich-britischen Marinewerft. Zum Ferienimage der Bilderbuchlandschaft passt auch eine ihrer kulinarischen Traditionen: Vom Devon Cream Tea schwärmt fast jeder Brite. An der englischen Südküste reihen sich die Badeorte aneinander wie Perlen auf einer Kette: Zu den berühmtesten Plätzen gehört zweifellos das in der Grafschaft Dorset gelegene **Bournemouth**. Ebenfalls reizvoll ist der Nachbarort **Poole**, mittlerweile mit Bournemouth zusammengewachsen, mit seiner jungen, quirligen Atmosphäre. Einst eine bedeutende Hafenstadt, gilt der Ort heute als Seglerparadies.

Wer noch mehr maritimes Flair wünscht und es außerdem etwas ruhiger mag, fährt von Poole aus über die A 351 auf die **Isle of Purbeck**, eine Halbinsel, deren Landzunge den Naturhafen von Poole umschließt. Oder man wagt einen Abstecher auf die **Isle of Portland**, eine 6 km lange und 2,4 km breite Kalksteininsel, die durch eine schmale Landbrücke, den Chesil Bank, und eine Autobahnbrücke mit dem Festland verbunden ist. Der westlich von Southampton liegende **New Forest** ist eines der wenigen Waldgebiete Südenglands. Viele Hotels und B&Bs unterhalten Reitställe. Die Pferde und Ponys sind geduldige Tiere, auch unerfahrene Reiter können mit Begleitung Ausritte unternehmen. Wanderer erwartet in der Grafschaft Dorset ein herrlicher Küstenpfad, der Dorset Coast Path. Besonders im Frühjahr und Herbst machen sich viele Briten auf den Weg und schätzen es, dass der Küstenpfad auch in Einzeletappen zu bewerkstelligen ist.

Bournemouth G 5

189 000 Einwohner
Stadtplan ▸ S. 61
Eine besondere Attraktion von Bournemouth sind seine gepflegten Gärten und Parkanlagen, die sich an den Ufern der Bourne quer durch die Stadt erstrecken. Der Küstenabschnitt, an dem Bournemouth liegt, gehört zu den wärmsten, trockensten und sonnigsten in ganz England.

SEHENSWERTES
Bournemouth Pier ▸ S. 61, b 3
Das im Jahre 1880 eingeweihte Schmuckstück reicht 300 m ins Meer hinaus und fungiert heute als Laufsteg der Stadt. Im 1885 hinzugefügten Bandstand spielen Kapellen auf.
Pier Approach • Eintritt 1 £

Central Gardens ▸ S. 61, b 3
Die sich vom Zentrum bis zum Meer erstreckende Gartenanlage an den Ufern der Bourne ist eine Oase der

DEVON UND DORSET

Ruhe und Erholung – ideal für eine Pause vom Sightseeing.

Oceanarium ▶ S. 61, b 3

Zwischen Pier und Bournemouth International Centre liegt das Aquarium, das Lebewesen von der Antarktis bis zur Karibik zeigt. Vom »Offshore Café« hat man einen sehr schönen Blick auf die Needles der Isle of Wight.
Pier Approach, West Beach • Tel. 0 12 02/31 19 93 • www.oceanarium.co.uk • tgl. 10–18 Uhr • Eintritt 9,95 £, Kinder 6,50 £

MUSEEN

Russell-Cotes Art Gallery & Museum ▶ S. 61, b 3

Die faszinierende Ausstellung zeigt Gemälde, Skulpturen und japanische Exponate in der einzigartigen Umgebung einer viktorianischen Villa hoch über den Klippen, mit Park und tollem Café.
Russell-Cotes Road (East Cliff) • www.russell-cotes.bournemouth.gov.uk • Di–So 10–17 Uhr • Eintritt April–Sept. 5 £, Okt.–März Eintritt frei, Spende (5 £) erwünscht

SPAZIERGANG

Stadtplan ▶ S. 61
Für einen Spaziergang eignet sich die Durley Promenade am Meer (West Cliff) Richtung Zentrum. Mit dem Lift kann man bequem zum langen Strand hinunterfahren. Sauberes Wasser (»Blue Flag Award«), Bootsverleih und Restaurant sowie sanitäre Anlagen sorgen für einen angenehmen Aufenthalt der Badegäste, im Sommer gibt es auch ein Kinderprogramm. Per Lift am East Cliff geht es wieder hinauf auf die Straße.
Dauer: 30 Min.

ÜBERNACHTEN

Chewton Glen ▶ S. 61, östl. c 2

Südenglische Hotel-Legende • Das Fünf-Sterne-Country House Hotel verkörpert die Essenz luxuriösen britischen Landlebens. Kinder mögen das hoteleigene Baumhaus und den Croquet-Platz.
New Milton, östl. von Bournemouth • Tel. 0 14 25/27 53 41 • www.chewtonglen.com • 43 Zimmer • €€€€

Langtry Manor ▶ S. 61, c 2

Liebesnest eines Königs • Die Villa, die Edward VII. für seine Geliebte Lilly Langtry bauen ließ, ist heute ein stilvolles romantisches Hotel.
26 Derby Road, East Cliff • Tel. 0 12 02/29 05 50 • www.langtrymanor.co.uk • 27 Zimmer • €€€

Cottonwood Boutique Hotel ▶ S. 61, c 3

Grandezza in Pastell • Klippenlage und Meerblick prägen das weiße, von Gärten umgebene Bauwerk. Barocke Tapeten, kräftige Farben, Stuck und vergoldete Spiegel entführen aus dem Alltag in prächtige Salons und Gästezimmer.
East Overcliff Drive • Tel. 0 12 02/55 31 83 • www.thecottonwoodboutique.co.uk • 28 Zimmer • €€–€€€

Beach Lodge Guest House ▶ S. 61, östl. c 3

Edwardianischer Stil • »Bay Windows« und Erker kennzeichnen den Stil des Anfang des 20. Jh. erbauten Gästehauses, dessen Räume professionelle Inneneinrichter verraten. Per Lift geht es zum Strand.
61 Grand Ave. • Tel. 0 12 02/42 33 96 • www.beach-lodge.co.uk • 8 Zimmer • €€

ESSEN UND TRINKEN

Bournemouth hat sich mit ethnischen Restaurants, zahlreichen Straßencafés und Bistros auf die vielen Sprachschüler eingestellt.

Romanzo Greek Taverna
▶ S. 61, westl. a 2

Sirtaki und Retsina • Griechischer Familienbetrieb mit Meeresfrüchten und Fischspezialitäten. Freundliche, gemütliche Atmosphäre.
87 Poole Road, Westbourne • Tel. 0 12 02/76 10 70 • www.romanzo.co.uk • Di-Sa 12–14.30, 19–22 Uhr • €€€

West Beach
▶ S. 61, b 3

Strand-Restaurant mit Meerblick • Zur konkurrenzlos guten Lage direkt am Meer mit Blick auf die Isle of Purbeck kommen das schnörkellose moderne Design sowie die mit Auszeichnungen versehene Küche. Besonders beliebt bei den Gästen sind die Fischgerichte. Das West Beach eignet sich aber auch nur für einen schnellen Cappuccino.
Pier Appoach • Tel. 0 12 02/58 77 85 • www.west-beach.co.uk • tgl. 9–23 Uhr • €€€

Café Rouge
▶ S. 61, westl. a 2

Köstliche Quiches • Café, Bar, Restaurant und In-Place, französische Küche. Serviert auch Frühstück und Kindermenü.
67–71 Seamoor Road, Westbourne • Tel. 0 12 02/75 74 72 • www.cafe rouge.co.uk • tgl. 9–23 Uhr • €€

Bournemouth Pizza Co
▶ S. 61, c 2

Great, little place • Die Pizza frisch aus dem Holzofen, dünn und sehr knusprig und mit üppigem Belag, kompensiert allemal die eher bescheidene Umgebung.

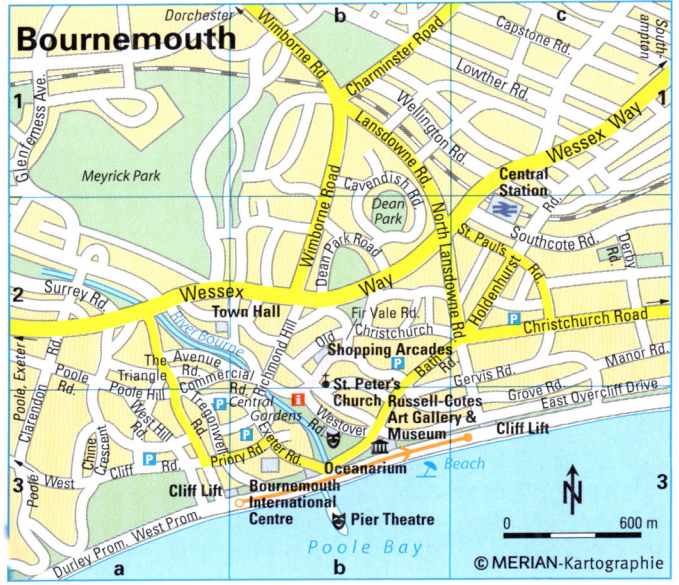

44 Saint Swithun's Road (gegenüber dem Bahnhof) • Tel. 0 12 02/55 51 25 • www.bournemouthpizza.co.uk • tgl. 12–15, 17–23 Uhr • €

Chez Fred ▶ S. 61, westl. a 2
Proper food • Ihren Erfolg führen die Betreiber darauf zurück, dass »fish 'n' chips« hier nur aus besten Zutaten hergestellt werden. Egal ob Haddock, Cod oder Plaice: köstlich!
10 Seamoor Road • Tel. 0 12 02/76 10 23 • www.chezfred.co.uk • Mo–Sa 11.30–14, 16.30–21.30, So 16.30–21 Uhr • €

AM ABEND
Bournemouth International Centre (BIC) ▶ S. 61, b 3
Prall gefüllt ist der Veranstaltungskalender mit Auftritten international bekannter Popgrößen und des hiesigen Sinfonieorchesters.
West Cliff Promenade/Exeter Road • Tel. 08 44/5 76 30 00 (Kartenvorverkauf) • www.bic.co.uk

SERVICE
AUSKUNFT
Visitor Information Centre ▶ S. 61, b 3
Westover Road • Tel. 08 45/0 59 17 00, 0 12 02/45 17 22 • www.bournemouth.co.uk

Ziele in der Umgebung
◎ **Beaulieu** 📖 H 5
3000 Einwohner
Der kleine Ort liegt am Ende des Beaulieu-Fjordes im New Forest. Eine alte Wassermühle, umgeben von Ziegelsteinhäusern, dreht sich schwerfällig, im Fjord liegen Yachten und Freizeitkähne. Neben den Ruinen eines Zisterzienserklosters aus dem 13. Jh. (Beaulieu Abbey) sind es »moderne Altertümer«, die viele Besucher hierher locken. Selbst wer alte Autos ausschließlich für reine Gebrauchswagen hält, kann sich dem Reiz des Motor-Museums nicht entziehen. Auf dem Familienbesitz Palace House sammelt Lord Montagu PKW, Busse, LKW, Motorräder und Fahrräder.
www.beaulieu.co.uk • tgl. 10–17 Uhr • Eintritt 24 £, Kinder 12 £
45 km östl. von Bournemouth

◎ **Cerne Abbas** 📖 F 5
Ein 55 m großer nackter Mann mit 15 m breiten Schultern und einer 35 m langen Keule begrüßt die Besucher der Ortschaft Cerne Abbas. Der sog. Cerne Giant, dessen Umrisse durch Freilegen einer Kalkschicht (30–60 cm breite Linien) in den Boden gegraben wurden, gibt zahlreiche Rätsel auf. Man kennt sein genaues Alter nicht und interpretiert ihn sowohl als vorchristliches Fruchtbarkeitssymbol wie auch als römische Kämpfergestalt. Die Hügelfigur mit einem 7 m großen Phallus wurde im 17. Jh. erstmals erwähnt (www.nationaltrust.org.uk). Auch das mittelalterlich anmutende Dorf Cerne Abbas lohnt einen Besuch. Die verfallene Benediktinerabtei stammt aus dem 9. Jh.
An der A 352 • www.dorsetforyou.com/cerneabbas
59 km westl. von Bournemouth

ÜBERNACHTEN
The New Inn
Wunderschönes historisches Haus • Entzückendes Country-Hotel aus dem 17. Jh. mit gutem Restaurant.
14 Long Street • Tel. 0 13 00/34 12 74 • www.thenewinncerneabbas.co.uk • 12 Zimmer • €€

Bournemouth – Torquay

◉ Dorchester 📖 G 5
17 000 Einwohner
Der Hauptort der Grafschaft Dorset wurde wie so viele südenglische Städte von den Römern gegründet. Man findet daher eine Reihe archäologischer Stätten, zum Beispiel Reste einer römischen Villa und das Amphitheater Maumbury Rings, das auf einem 4000 Jahre alten Steinkreis ruht. Ein Spazierweg, »The Walks«, verläuft auf der eingeebneten römischen Stadtmauer.
3 km nordöstlich von Dorchester steht in Higher Bockhampton das Geburtshaus des großen englischen Poeten Thomas Hardy. Kinder haben andere Gründe, nach Dorchester zu kommen: Dort befindet sich das einzige Dinosauriermuseum 👦 Großbritanniens (▶ S. 31).
www.visit-dorchester.co.uk
46 km westl. von Bournemouth

◉ Isle of Portland 📖 F 5–G 5
Die Halbinsel Portland lieferte den Stein für den englischen Kirchenbau. Von Portland Castle (1539), der Küstenfestung Heinrichs VIII., hat man eine schöne Aussicht auf die historischen Steinbrüche der Halbinsel. Ein Spaziergang auf den Klippen führt zu den drei Leuchttürmen von Bill of Portland an der Südspitze. Von Portland zieht sich bis Abbotsbury eine 15 km lange Kieselbank, die Chesil Bank. Zwischen ihr und dem Festland liegt The Fleet, eine seichte Lagune, wo man viele und auch seltene Wasservögel beobachten kann.
60 km südwestl. von Bournemouth

◉ New Forest ⭐ 📖 H 5
Schöne Wanderwege durchziehen 375 km² unzerstörte Natur, führen über Heidekrauthügel und durch Eichenwäldchen – das einstige Jagdgebiet von Wilhelm dem Eroberer. Ein Stein, Rufus Stone, markiert die Stelle, an der König Rufus II., der Sohn des Eroberers, während der Jagd von einem Pfeil tödlich getroffen wurde. Gar nicht scheu sind die 4000 frei herumlaufenden Ponys. Verwaltungszentrum des New Forest ist das hübsche Marktdorf Lyndhurst. Im dortigen Besucherzentrum (mit Museum) erteilt man Auskünfte über die in der Umgebung liegenden Campingplätze und Reitställe. Für eine Pause mit Einkehr eignet sich der historische Pub Waterloo Arms (Pikes Hill, Tel. 0 23 80/28 21 13, www.waterlooarmsnewforest.co.uk) mit schönem Garten und guter Küche.
www.thenewforest.co.uk
30 km nordöstl. von Bournemouth über die A 35

◉ Poole 📖 G 5
141 000 Einwohner
Der nach Sydney größte Naturhafen der Welt ist Anlegeplatz der Fähren nach Cherbourg und Seglertreff. Am Hafen befinden sich Restaurants und Pubs sowie das Waterfront Museum, das Einblick in das maritime Leben der Stadt gewährt.
www.pooletourism.com
8 km westl. von Bournemouth

Torquay 📖 E 5
134 000 Einwohner (Torbay)
Im Südwesten Englands lebt man von Landwirtschaft und Tourismus. Der Golfstrom sorgt für mildes Klima, und die Palmen an der Uferpromenade von Torquay nahm man als willkommenen Anlass, dem Küstenstreifen der Grafschaft Devon den Namen »Englische Riviera« zu

geben. Agatha Christie ist die berühmteste Bürgerin von Torquay. Dame Agatha, von Queen Elizabeth geadelt, wurde 1890 in der mediterranen Küstenstadt geboren. Der Ort ehrt seine große Tochter mit einer liebevoll arrangierten Ausstellung sehenswerter Memorabilia im Torquay Museum.

Zusammen mit **Brixham**, einem geschichtsträchtigen Fischerdorf mit Hafen und bunt gestrichener Häuserfront, und **Paignton**, einem typisch englischen Familienbadeort, bildet Torquay die Stadt **Torbay**, heute eines der meistbesuchten Seebäder des Landes mit Hochbetrieb im Sommer. Segler lieben Torquay, und in der Tor Bay sieht man viele große und kleine Yachten schaukeln.

MERIAN Tipp

GREENWAY HOUSE 📖 E 6

Mit der Fähre auf dem Fluss Dart zum georgianischen Greenway House, Heimat der Miss-Marple-Erfinderin Agatha Christie, das der Schriftstellerin als Sommersitz diente. ▶ S. 17

SEHENSWERTES
Kent's Cavern
In den Höhlen herrscht eine Temperatur von 11 °Celsius. Durch die bereits während der Steinzeit bewohnten Gewölbe, schon vor 2000 Jahren von den Römern erforscht, führt eine interessante einstündige Tour. Das Alter von fünf Steinäxten schätzt man auf 450 000 Jahre, sie werden dem Homo erectus (Heidelberg) zugeschrieben. Auch Fundstücke aus der Neandertaler-Epoche und Knochen des Homo sapiens (31 000 Jahre alt) wurden entdeckt. In den weitverzweigten Gängen fand man Tierknochen, deren Alter auf 100 000 Jahre geschätzt wird.
Ilsham Road • www.kents-cavern.co.uk • tgl. 10–16, Juli, Aug. bis 17 Uhr • Eintritt 10 £, Kinder 9 £ (nur Führungen

Torre Abbey
Auf dem Gelände eines 1196 gegründeten Klosters wurde im 16. Jh. ein »manor house« mit wundervollem Garten und Palmenhaus (Abbey Gardens) errichtet. Zu besichtigen sind u. a. die Überreste des Klosters sowie das georgianisch eingerichtete Haus mit antiken Möbeln und Gemälden sowie kostbarem Porzellan. Sehr sehenswert ist außerdem die Kapelle der Besitzerfamilie Carry und eine Ausstellung zum Leben und Werk der bekannten Kriminalromanautorin Agatha Christie.
King's Drive, Torbay Road • www.torre-abbey.org.uk • tgl. 10–17 Uhr • Eintritt 7,50 £

MUSEEN
Torquay Museum
Schatz des in sechs Galerien unterteilten Museums sind die aus Kent's Cavern geborgenen archäologischen Funde. Daneben findet man zahlreiche interessante naturgeschichtliche Ausstellungsstücke.
529 Babbacombe Road • Tel. 0 18 03/ 29 39 75 • www.torquaymuseum.org • Mo–Sa 10–16, Juli–Sept. auch So 13.30–17 Uhr • Eintritt 6,15 £

ÜBERNACHTEN
Osborne
Eindrucksvoll • Das Hotel ist Teil einer Gebäudereihe (Crescent) der Regency-Epoche, seine Gärten er-

Schauplatz von Legenden und Schauergeschichten: Das Dartmoor (▶ S. 66) westlich von Torquay ist eine karge Moor- und Heidelandschaft.

strecken sich bis zum Meadfoot Beach; die Zimmer des Vier-Sterne-Hauses sind mit stilvollen Antiquitäten ausgestattet, teilweise haben sie Meerblick. Außerdem verfügt das Hotel über eine Schwimmhalle und einen Außenpool.
Hesketh Crescent, Meadfoot Road • Tel. 0 18 03/21 33 11 • www.osborne-torquay.co.uk • 32 Zimmer • ♿ • €€€

The Heritage
Terrasse zum Meer • Der Strand ist kaum 200 m entfernt, und abends trifft man sich an den Picknicktischen der großen Sonnenterrasse, um einen »pre-dinner«-Drink mit herrlichem Blick auf das Meer zu genießen. Die Gästezimmer warten mit gepflegter, jedoch etwas betulicher Ausstattung auf. Die meisten haben Meerblick.
Sea Front, Shedden Hill • Tel. 0 18 03/29 93 32 • www.heritagehotel torquay.co.uk • 24 Zimmer • €€

Waters Edge
Maritime Note • Das Mittelklassehaus liegt nahe des Livermead Beach (2 km ins Zentrum). Viele Zimmer

DEVON UND DORSET

haben Meerblick, auch ein hoteleigener Parkplatz direkt vor dem Hotel ist für die Gäste vorhanden.
Seafront, Torbay Road • Tel. 0 18 03/ 29 38 76 • www.waters-edge-hotel.co.uk • 51 Zimmer • €

ESSEN UND TRINKEN
Capers
Gerühmt für frischeste Zutaten • Das kleine Restaurant serviert verschiedenste Fischspezialitäten und Schalentiere, jedoch auch vegetarische Gerichte.
7 Lisburne Square (Babbacombe Road) • Tel. 0 18 03/29 11 77 • Di–Sa ab 18.30 Uhr • €€€

Camelot
Deftige Speisen bei Kerzenlicht • »Mittelalterliches« Restaurant mit entsprechender Ausstattung und Angebot an Gerichten.
4, Braddons Hill Road West, Fleet Walk (Fußgängerzone neben dem Post-amt) • Tel. 0 18 03/21 53 99 • tgl. 12–15 und 18–23 Uhr • €€

The Claycutters Arms
Am Rande des Dartmoor • In diesem traditionsreichen Cottage aus dem 17. Jh. wird »Soup of the day« mit braunem Brot und »fish'n' chips« serviert, ideal auf Ausflügen in die Umgebung von Torquay.
Chudleigh Knighton (Abzweigung B 3344, ca. 25 km nordwestl. von Torquay) • Tel. 0 16 26/85 33 45 • www.theclaycutters.co.uk • Mo–Sa 12–14, 18–23, So 12–14.30 Uhr • €€

SERVICE
AUSKUNFT
Tourist Information Centre
5 Vaughan Parade • Tel. 0 18 03/ 21 12 11 • www.englishriviera.co.uk

Ziele in der Umgebung
Dartmoor D/E 5
Westlich von Torquay liegt das knapp 1000 km² große Dartmoor, ein Nationalpark mit hügeliger Sumpf- und Heidelandschaft, unzähligen Bächen und Flüsschen und prähistorischen Monumenten wie Steinkreisen, Menhiren und Hügelforts. Während im östlichen Teil des Moores einige kleine Dörfer liegen, die durch ein Gewirr enger Straßen miteinander verbunden sind, ist die übrige Gegend unbesiedelt. Schriftsteller hat das Dartmoor schon immer zu düsteren Schöpfungen angeregt, etwa Sir Arthur Conan Doyle zu seinem bekannten Roman »Der Hund von Baskerville«.

Bei Wanderungen ist aufgrund der unberechenbaren Wetterverhältnisse – urplötzlich überziehen dichte Nebelschwaden die Landschaft – Umsicht geboten. Nicht nur wetterfeste Kleidung, sondern auch Landkarte und Kompass sind unbedingt ratsam. Das Dartmoor lässt sich auch auf dem Rücken eines Pferdes erleben. Mehrere Reitunternehmen bieten begleitete Ausritte an. Die B 3212 durchquert das Dartmoor in Ost-West-Richtung von Moretonhampstead nach Yelverton.
www.visitdartmoor.co.uk
45 km nordwestl. von Torquay

ESSEN UND TRINKEN
Warren House Inn
Nicht nur bei dichtem Nebel • An kühlen oder stürmischen Nachmittagen brennt ein wärmendes Feuer im Kamin des Warren House Inn. In dem gemütlichen traditionellen Pub nahe der Ortschaft Postbridge mitten im Dartmoor werden den Gästen köstliche »bar menus« wie

etwa braune Brötchen mit frischem Krebsfleisch serviert.
3 km nördl. von Postbridge (an der B 3212) • Tel. 0 18 22/88 02 08 • www.warrenhouseinn.co.uk • €

◎ Exeter   E5
123 000 Einwohner
In der Hauptstadt der Grafschaft Devon, einer bedeutenden Bischofs- und Universitätsstadt, erinnert vieles an die Vergangenheit: römische Stadtmauern, unterirdische Gänge sowie die 1133 eingeweihte Kathedrale, die nachweislich an der Stelle errichtet wurde, an der seit mehr als einem Jahrtausend Christentreffen stattfanden. Um das Wahrzeichen der Stadt, die Kathedrale mit ihrer eindrucksvollen Westfassade, gruppiert sich eine Reihe gut erhaltener historischer Häuser. In der High Street liegen schöne Gebäude aus der Tudor- und der elisabethanischen Zeit sowie die Guildhall, das älteste Rathaus Englands (um 1330).
www.visitexeter.co.uk
30 km nördl. von Torquay

MUSEEN
Underground Passages
Das Tunnelsystem, das sich unter den Straßen und Häusern der Stadt verzweigt, wurde im 14. Jh. angelegt, um Exeter mit Wasser aus den Quellen der Umgebung zu versorgen. Heute sind die mittelalterlichen Gewölbe zu besichtigen. Von einem Informationszentrum aus geht es hinunter in den Untergrund.
Princesshay Quarter, 2 Paris Street • Tel. 0 13 92/66 58 87 • www.nationaltrust.org.uk • Juni–Sept. Mo–Sa 9.30–17.30, So 10.30–16, Okt.–Mai Di–Fr 10.30–16.30, Sa 9.30–17.30, So 11.30–16 Uhr • Eintritt 6 £

◎ Plymouth   D6
253 000 Einwohner
Die Stadt liegt am Plymouth Sound, einem der schönsten Naturhäfen der Welt. Das kosmopolitische Plymouth war schon immer die Heimat der großen englischen Seefahrer. Sir Francis Drake startete hier 1578 seine Weltumsegelung und führte 1588 von Plymouth aus seine Flotte zum Sieg gegen die spanische Armada. In Plymouth stachen auch Sir Humphrey Gilbert, der Entdecker Neufundlands, und James Cook in See, den es auf seinen Weltreisen bis nach Australien verschlug. Und es war Plymouth, wo 1620 die Pilgerväter den englischen Boden für immer verließen und zu ihrer Fahrt in die Neue Welt aufbrachen.
Unmittelbar nördlich des Hafens liegt Sutton Harbour mit dem ältesten und schönsten Stadtteil von Plymouth: The Barbican, heute eine viel besuchte Gegend mit zahlreichen Antiquitätengeschäften, vielen Pubs und Restaurants.
50 km westl. von Torquay

📷 FotoTipp

PLYMOUTH HARBOUR
Vom Plymouth Hoe (The Hoe), einem hoch gelegenen Kalksteinplateau und öffentlichen Park in Plymouth, ergibt sich ein fantastischer Blick auf den berühmten Naturhafen Plymouth Sound und Drake's Island.   ▶ S. 67

SERVICE
AUSKUNFT
Tourist Information Centre
3–5 The Barbican • Tel. 0 17 52/30 63 30 • www.visitplymouth.co.uk

Somerset, Wiltshire und Hampshire

Die römischen Bäder in Bath, Ehrfurcht gebietende Kathedralen und mystische Steinkreise genießen Weltruhm.

◄ Eine Hausbootfahrt auf dem Kennet- und Avonkanal führt von Bristol (▶ S. 76) bis zur Themse.

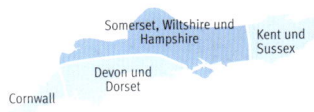

Oft unterschätzt werden **Wiltshire** und **Hampshire**, zwei im Ausland wenig bekannte Grafschaften, besitzen sie doch berühmte Städte wie Wells und Winchester, mit Stonehenge eine archäologische Stätte von Weltrang sowie wunderschöne Herrenhäuser und Landschaftsparks. **Winchester**, die alte Hauptstadt des Landes, atmet trotz ihrer geschäftigen Atmosphäre Geschichte. Das einstige »Heart of the Saxon Kingdom« besitzt mit seiner Kathedrale ein Bauwerk von überragendem kunsthistorischen Wert. Auf Spaziergängen gelangt man zu weiteren, knapp tausend Jahre alten Relikten.

Als einzigartiges Gesamtkunstwerk fasziniert der Ort **Bath**. Die von der UNESCO als Welterbe geschützte Stadt verfügt über eine mehr als zwei Jahrtausende alte Bädertradition. Schon die Römer schätzten die heißen Quellen, heute erholen sich Besucher in den herrlichen Kurhotels.

Nicht weit entfernt von Bath liegt **Glastonbury**, Treffpunkt für Esoteriker und New-Age-Jünger, die hier zum Grab des sagenumwobenen König Artus pilgern. In den Fachwerkhäusern sind nicht nur Gästehäuser und vegetarische Restaurants untergebracht, sondern auch zahlreiche Geschäfte, die Amulette und Tarot-Karten feilbieten. Magische Bedeutung für die New-Age-Anhänger hat **Stonehenge**. Der geheimnisvolle Steinkreis, das berühmteste prähistorische Monument Englands, liegt weithin sichtbar in den Salisbury Plains, einer flachen Ebene nördlich der Stadt Salisbury.

Bath G 3

90 000 Einwohner
Stadtplan ▶ S. 71

Das als schönste Stadt Südenglands gepriesene Bath zieht viele Besucher an. Für den Straßenverkehr bedeutet dies oft Stillstand, so ist es ratsam, Bath zu Fuß zu erobern. Bath, das nobelste unter Englands Bädern, liegt kaum zwei Stunden von London entfernt. Die Altstadt gilt mit ihren mehr als 4000 historischen Bauten als Gesamtkunstwerk, und die UNESCO zählt die Stadt seit 1988 zum Welterbe. Der Denkmalschutz wacht über die eleganten Bauwerke, und noch heute wird nur mit Bath Stone, einem ockerfarbenen Sandstein, gebaut. Hauptattraktion der Stadt sind die eindrucksvollen Roman Baths: Seit mehr als zwei Jahrtausenden sprudeln täglich viele Millionen Liter heißes Wasser aus der Erde – die einzigen heißen Quellen Englands. Bereits die Kelten verehrten sie und brachten hier ihrer Göttin Sulis Opfergaben dar. Die unter den Römern als Aquae Sulis bekannte Stätte wurde prachtvoll ausgebaut. Schwimmbecken, Warm- und Heißbäder sowie Saunen entstanden um einen der Göttin Minerva geweihten Tempel, und die Badeanlagen avancierten zum Fixpunkt des gesellschaftlichen Lebens. Heute erstrahlen die alten restaurierten Häuser, die prunkvollen georgianischen Paläste, die Plätze und Terrassen im gleichen Glanz wie zu Zeiten von Richard »Beau« Nash (1674–1761). Der Zeremonienmeister, den man auch den »King of Bath« nannte, brachte dem Kurort den Ruf der elegantesten Stadt des britischen Empire ein. Jane Austen, die berühmteste Literatin der Stadt, sammelte hier den Stoff für ihre Gesellschaftsromane.

Alle 15 Minuten fährt ein Doppeldeckerbus ab Bath Abbey zu den Sehenswürdigkeiten der Stadt. Die Rundfahrt dauert 50 Minuten, an sieben Stationen können die Teilnehmer aus- und einsteigen, Erläuterungen gibt es in sieben Sprachen (www.city-sightseeing.com, tgl. ab 10 Uhr, Tickets mit 24 Stunden Gültigkeit 14 £, Kinder 8,50 £).

SEHENSWERTES

Abbey ▶ S. 71, c 3
Auf den aus dem Beginn des 12. Jh. stammenden Fundamenten einer normannischen Kirche wurde im 15. Jh. das zierlich-elegante Bauwerk errichtet. Von einmaliger Schönheit sind das Fächergewölbe, welches das Hauptschiff der Kirche überspannt, sowie das Fenster über dem Hochaltar an der Ostseite des Gotteshauses, das 56 Szenen aus dem Leben Jesu darstellt. Hunderte von Gedenktafeln erinnern an prominente Zeitgenossen des 16. bis 18. Jh.
Orange Grove/High Street • www.bathabbey.org • Mo 9.30–17.30, Di–Fr 9–17.30, Sa 9–18, So 13–14.30 und 16.30–17.30 Uhr • Eintritt frei, Spende (2,50 £) erwünscht

Circus ▶ S. 71, b 1/2
Der Circus genannte – weil kreisrunde – Platz, dessen Zentrum Platanen beschirmen, wurde noch von John Wood d. Ä. gestaltet und von seinem Sohn mitsamt der umliegenden Straßen bis 1758 fertiggestellt.
Zu den Bewohnern der 33 kunstvoll mit Säulenreihen und Friesen geschmückten Häuser gehörten David Livingstone, der berühmte Afrika-Forscher (Haus Nr. 13), sowie der bedeutende Landschaftsmaler Thomas Gainsborough (Haus Nr. 17).
Nördliches Ende der Gay Street

Pulteney Bridge ▶ S. 71, c 2/3
Die sich über den Avon spannende Brücke wurde im Jahr 1770 von Robert Adam nach einem berühmten Vorbild erbaut: Der Ponte Vecchio, der in Florenz über den Arno führt, stand Pate für diese gelungene Konstruktion. Besonders ansprechend: Ebenso wie auf dem Ponte Vecchio flankieren auch hier zu beiden Seiten (sehr kleine) Geschäfte die Brücke, die etwa alte Spitzen, Schmuck und Pralinen verkaufen.
Bridge Street/Argyle Street

Royal Crescent ▶ S. 71, a 1
Mit diesen sich in einem großen Halbrund erstreckenden georgianischen Gebäuden setzte sich der Architekt John Wood d. J. ein Denkmal. Sein Meisterwerk, eine Front aus 30 sichelförmig aneinandergereihten Häusern, eindrucksvoll mit ionischen Säulen gestaltet, wurde beispielgebend für viele andere Bauwerke. Allein in Bath entstanden in der Folgezeit The Paragon, Somerset Place, Camden und Cavendish Crescent, die sich unverkennbar an dem beeindruckenden Vorbild orientieren. Wer einen Blick in das Innere eines der Häuser werfen möchte, kann das Museum No. 1 Royal Crescent (▶ S. 72) besuchen.

MUSEEN
Museum of Bath Architecture ▶ S. 71, b 1

Wie erhielt das kleine Provinzstädtchen den Glanz einer georgianischen Stadtanlage? Wie vollzog sich der architektonische Wandel über die Jahrhunderte hinweg? Diesen Fragen geht das Museum mit zahlreichen Karten und einem detailgetreuen Modell des historischen Stadtkerns von Bath nach.
The Countess of Huntingdon's Chapel, The Vineyards, The Paragon • Tel. 0 12 25/33 38 95 • www.bath-preservation-trust.org.uk • März–Nov. Di–Fr 14–17, Sa, So 10.30–17 Uhr • Eintritt 5,50 £

SOMERSET, WILTSHIRE UND HAMPSHIRE

Fashion Museum ▶ S. 71, b 1
Mehr als 400 Jahre Modegeschichte sind im Untergeschoss der Assembly Rooms versammelt: vom Leinenunterhemd bis zur Designerhose.
Bennett Street • Tel. 0 12 25/47 77 89 • www.fashionmuseum.co.uk • tgl. 10.30–17 Uhr • Eintritt 8,25 £

Jane Austen Centre ▶ S. 71, b 2
Unweit ihres Wohnsitzes in der Gay Street 25 ist das Jane-Austen-Zentrum eingerichtet, das mit einem Film und Exponaten das Leben der Schriftstellerin während ihrer Zeit in Bath (1801–1806) dokumentiert.
Gay Street 40 • Tel. 0 12 25/44 30 00 • www.janeausten.co.uk • April–Okt. tgl. 10–17.30, Nov.–März So–Fr 11–16.30, Sa 10–17.30 • Eintritt 9 £

No. 1 Royal Crescent ▶ S. 71, a 1
Der Name des Museums verrät seine Adresse. Das authentisch restaurierte Haus – als erstes Gebäude des Royal Crescent errichtet – mit Möbelstücken aus dem 18. Jh. kann auf drei Stockwerken besichtigt werden.
Ecke Upper Church Street • www.bath-preservation-trust.org.uk • Di– So 10.30–17, Mo ab 12 Uhr • Eintritt 9 £

⭐ **Roman Baths Museum** ▶ S. 71, c 3
Ein der römischen Göttin Minerva geweihter Badekomplex war im 1. Jh. das bevorzugte Freizeitvergnügen reicher Römer. Zu dem gut erhaltenen Zentrum, das erst im 18. Jh. wiederentdeckt wurde, gehörten Heiß- und Warmbäder, Schwimmbecken und Saunen. Schatz der imposanten Anlage ist ein vergoldeter Bronzekopf der Göttin Minerva.
Abbey Church Yard • www.romanbaths.co.uk • Juli, Aug. 9–21, März–Juni, Sept.,Okt. 9–17, Nov.–Feb. 9.30–16.30 Uhr • Eintritt 14 £ (Juli, Aug. 14,50 £)

SPAZIERGANG
Stadtplan ▶ S. 71
Der Spaziergang beginnt am Abbey Church Yard. Man verlässt den Platz vor der Kirche bei den Kolonnaden, biegt links in die Stall Street und gleich rechts in die Bath Street ein. Vorbei an schönen Säulen, dem Cross Bath Square und dem Kingsmead Square gelangt man in die Sawclose mit dem Theatre Royal. Über die Barton Street und Gay Street erreicht man den Circus, ein Meisterwerk der Platzgestaltung. Von hier führt ein kleiner Abstecher über die Brock Street zum Royal Crescent. Dann geht man zurück zum Circus, wendet sich nach rechts und besucht die im 18. Jh. erbauten Assembly Rooms mit dem in ihrem Untergeschoss liegenden, sehr sehenswerten Fashion Museum. Parallel zum Hinweg kehrt man dann über die Milsom Street und Union Street zum Ausgangspunkt zurück.
Dauer: 2–3 Std.

Begleitete, etwa zweistündige Stadtrundgänge werden vom Mayor's Honorary Guides kostenlos angeboten. Treffpunkt für alle, die am Stadtrundgang teilnehmen wollen, ist vor dem Eingang zum Pump Room im Abbey Church Yard. Die Anmeldung ist im Tourist Information Centre (▶ S. 75) möglich.
Zeiten der Stadtspaziergänge: So–Fr 10.30 und 14, Sa 10.30, Mai–Sept. auch Di und Do 19 Uhr • Tel. 0 12 25/47 74 11 • www.bathguides.org.uk

ÜBERNACHTEN

Lucknam Park ▶ S. 71, nordöstl. c 1
Ländliche Eleganz • Lucknam Park ist eines der feinsten Country House Hotels des Landes. Das Hotel hat eine luxuriöse Atmosphäre in georgianischem Stil, ein Spa und einen großen Reitstall.
Colerne, Chippenham, Wiltshire (9 km nordöstl. von Bath) • Tel. 0 12 25/74 27 77 • www.lucknam park.co.uk • 42 Zimmer • €€€€

Bloomfield House ▶ S. 71, südwestl. a 4
Zu Fuß ins Zentrum • Das stilvolle Country House liegt inmitten eines parkartigen Gartens. Die Zimmer sind mit Antiquitäten und Seide ausgestattet. Sehr praktisch ist die stadtnahe Lage.
146 Bloomfield Road • Tel. 0 12 25/42 01 05 • www.ecobloomfield.com • 6 Zimmer • €€€

The Royal Hotel ▶ S. 71, c 4
Alte Pracht • Das historische Grandhotel wurde 1846 vom berühmten englischen Architekten Isambard Brunel erbaut. Die komfortablen Zimmer sind mit Blümchentapeten im traditionellen Stil ausgestattet; das Haus hat ein renommiertes Restaurant und eine stilvolle Loungebar namens »1846«.
Manvers Street • Tel. 0 12 25/46 31 34 • www.royalhotelbath.co.uk • 31 Zimmer • €€€

Edgar Townhouse ▶ S. 71, c 2
Persönlicher Touch • Das hübsche georgianische Stadthotel besticht nicht nur durch die zentrale Lage, auch die persönliche Atmosphäre macht den Aufenthalt angenehm.
64 Great Pulteney Street • Tel. 0 12 25/42 06 19 • www.edgar-townhouse.co.uk • 18 Zimmer • €€

Schon die Römer wussten die Quellen von Bath zu schätzen. Das Roman Baths Museum (▶ MERIAN TopTen, S. 72) erlaubt einen Blick in den einstigen Badekomplex.

The White Guest House

▶ S. 71, östl. c 3

Kleines B&B • Die familiär geführte Pension liegt in einem historischen »terraced house«. Die Gäste können den kostenlosen Parkplatz vor dem Haus benutzen. Die zentrumsnahe Lage erlaubt Spaziergänge zu den meisten Sehenswürdigkeiten.
23 Pulteney Gardens • Tel. 0 12 25/42 60 75 • www.whiteguesthouse.co.uk • 5 Zimmer • €

ESSEN UND TRINKEN

Mehrere hübsche Café-Restaurants, zum Teil auch mit Terrasse, liegen am Abbey Church Yard und erlauben den Blick auf die Abtei.

The Pump Room ▶ S. 71, c 3

Stilvolles Ambiente • Der Pump Room (Kurhaus) aus dem 18. Jh. war einst Treffpunkt der feinen Gesellschaft. Hier nahm man nicht nur die drei vorgeschriebenen Gläser Wasser vor und nach dem Lunch zu sich, sondern knüpfte außerdem neue Kontakte. Im stilvoll-klassischen Ambiente trifft man sich hier zum Frühstück, auf einen Salat oder ein Sandwich zu Mittag und ordert den Afternoon Tea. Untermalt wird der Besuch von den Violinenklängen des Pump Room Trio.
Stall Street, Abbey Church Yard • Tel. 0 12 25/44 44 77 • www.searcys.co.uk • tgl. 9.30–17, Juli, Aug. tgl. 9–21 Uhr • €€€

Acorn Vegetarian Kitchen

▶ S. 71, c 3

Eine Erfolgsgeschichte • Das Restaurant serviert vegetarische Gerichte aus der ganzen Welt, raffiniert und köstlich zubereitet. Und mithilfe der Kochbücher der ehemali-

Als schönste Stadt Südenglands gepriesen: Blick auf Bath mit seiner prachtvollen Architektur, den Fluss Avon und die Pulteney Bridge (▶ S. 70).

gen Chefin Rachel sind diese auch zu Hause leicht nachzukochen.
2 North Parade Passage • Tel. 0 12 25/ 44 60 59 • www.acornvegetarian kitchen.co.uk • So–Fr 12–15, 17.30– 21.30, Sa 12–15.30, 17.30–22 Uhr • €€

Sally Lunn's ▶ S. 71, c 3
Brötchen mit Museum • In dem von 1622 stammenden Haus, dem ältesten Gebäude der Stadt, buk Sally Lunn im 17. Jh. ihre berühmten »Bath buns« (Mürbeteigbrötchen). Im Keller ist ein Museum untergebracht, das die Feuerstelle sowie die Backutensilien der Sally Lunn zeigt.
4 North Parade Passage •
Tel. 0 12 25/46 16 34 • www.sally lunns. co.uk • tgl. 10–22 Uhr • €€

Yum Yum Thai ▶ S. 71, b 3
Spicy und exotisch • In diesem Lokal wird die gesamte Palette thailändischer Küche auf den Tisch gebracht, darunter viele vegetarische Gerichte. Auch geeignet, um zum Lunch während des Stadtbummels (Nähe Theatre Royal) einzukehren.
17 Kingsmead Square • Tel. 0 12 25/ 44 52 53 • www.yumyumbath.co.uk • tgl. 12–14.30 und 17.30–22.30 Uhr • €€

EINKAUFEN
Green Park Market ▶ S. 71, a 3
Der ehemalige viktorianische Bahnhof wurde in ein ansprechendes Einkaufszentrum verwandelt, das mit einem täglich wechselnden Schwerpunkt an Angeboten aufwartet. Mittwochs wird Kunsthandwerk verkauft, donnerstags Antiquitäten und Sammlerstücke. Am Freitag gibt es Pflanzen, und am Samstag findet der Farmers Market statt.
Green Park Station, Green Park Road • www.greenparkstation.co.uk • Mo–Fr 9–16, Sa bis 14 Uhr

Oxfam Shop ▶ S. 71, c 3
Die in Bath tätige Oxfam-Gruppe ist besonders engagiert im Kampf gegen Armut und Unterentwicklung. Vielfältig ist das Angebot im kleinen Laden, in dem es für Kleingeld gebrauchte, von Bürgern gespendete Spielsachen, Bücher, Kleidung gibt. Hier kauft man für wenig Geld etwas typisch Britisches (wie einen »tea cosy«, nämlich einen Teewärmer) und tut auch noch Gutes. Genial!
12 Argyle Street • Mo–Fr 9.30–18, Sa 9.30–15 Uhr

SERVICE
AUSKUNFT
Tourist Information Centre ▶ S. 71, c 3
Abbey Church Yard • Tel. 09 06/7 11/ 20 00 (50 p/Min.) • www.visitbath. co.uk

AKTIVITÄTEN
Thermae Bath Spa ▶ S. 71, c 3
In der historischen Umgebung, architektonisch genial in Szene gesetzt mit Glas und Stahl, gibt man sich hier ganz dem Saunen, Baden und Wohlfühlen hin. Englands einzige Thermalquelle ist Gesundheitsquelle, die man sich bei einem Bath-Besuch nicht entgehen lassen sollte. Mit fluoreszierend illuminierten Becken, einem Außenpool, aus dem die Dämpfe aufsteigen, über den Dächern der Stadt.
The Hetling Pump Room, Hot Bath Street • Tel. 08 44/8 88 08 44 • www. thermaebathspa.com • New Royal Spa tgl. 9–21.30 Uhr • Eintritt Mo–Fr 32 £, Sa, So 35 £

Ziele in der Umgebung

◎ Bristol 📖 F 3
437 000 Einwohner
Die größte Stadt des West Country kann es zwar nicht unbedingt mit der pittoresken Schönheit von Bath aufnehmen, verfügt jedoch über den lebhaften Charme einer Hafen- und Universitätsstadt.

Bristol ist außerdem eng verbunden mit zwei Werken der Weltliteratur: Daniel Defoe (1661–1731) traf hier in der Kneipe Llandoger Trow (Welsh Back/3–5 King Street) den Seefahrer Alexander Selkirk, dessen Erlebnisse ihn zum Schreiben des Romans »Robinson Crusoe« inspirierten. Und »Long John Silver«, der einbeinige Kapitän aus Robert Louis Stevensons (1850–1894) »Schatzinsel«, trank seine »pints« im »Spyglass«, heute »The Hole in the Wall«, einem Fachwerkhaus aus dem Jahre 1664 (2 The Grove, Queen Square, tgl. 11–23 Uhr).

In Clifton, einem noblen Stadtteil von Bristol, spannt sich die schönste aller englischen Hängebrücken über den Avon: die mehr als 200 m lange Clifton Suspension Bridge, Mitte des 19. Jh. von dem Ingenieur Isambard Kingdom Brunel erbaut.
www.visitbristol.co.uk
20 km nordwestl. von Bath

◎ Cheddar Gorge 👫 📖 F 4
In der Kalksteinlandschaft der Mendip Hills liegen gleich zwei bekannte Tropfsteinhöhlen: Cheddar Gorge und Wookey Hole (▶ S. 79). Die über 3 km lange und 100 m tiefe Schlucht bei Cheddar, dem kleinen Dorf mit dem großen Namen (der berühmte Cheddar-Käse wird hier hergestellt), ist zu einer Touristenattraktion geworden. Die am Fuße der Schlucht liegenden und vermutlich ab etwa 1000 v. Chr. bewohnten Höhlen führen in eine zauberhaft illuminierte Märchenwelt der Tropfsteine.
www.cheddarcaves.co.uk • tgl. 10–17 Uhr • Eintritt 18,45 £, Kinder 12,45 £
30 km südwestl. von Bath

◎ Dyrham Park 👫 📖 G 3
In dem zwischen 1691 und 1702 erbauten Herrenhaus wurde bisher nur wenig verändert. Sehr schön ist der umgebende, wildreiche Park.
www.nationaltrust.org.uk • April–Okt. Sa, So 11–17 Uhr • Eintritt 11,20 £, Kinder 6,50 £
9 km nördl. von Bath

◎ Glastonbury 📖 F 4
10 000 Einwohner
Was Woodstock einst für die Hippies der 1960er-Jahre war, ist Glastonbury für junge und hippe Musikliebhaber der Gegenwart. Das fünftägige, alljährlich im Juni stattfindende Glastonbury Festival gehört zu den weltweit besten Open-Air-Festivals und ist Kult auch bei der britischen Upper Class. Glastonbury selbst ist ein von vielen Mythen durchdrungener Ort, Hauptstadt der britischen New Age und Pilgerziel für Esoteriker, die hier das legendäre Avalon aus der Artus-Sage suchen. Außerdem soll Glastonbury jener Ort gewesen sein, an dem Josef von Arimathäa den »Heiligen Gral« vergrub, jenes Behältnis, das beim letzten Abendmahl verwendet wurde und in dem Josef von Arimathäa Christi Blut bei der Grablegung auffing.

In **Glastonbury Abbey**, einst die größte Abtei Englands und heute eine weitläufige Ruine, weist ein kleines Schild auf das Grab von König Artus sowie seiner Gemahlin Guine-

vere hin. Das Wahrzeichen der Stadt ist der Berg Tor.
www.glastonburyabbey.com • tgl. 9–18 Uhr • Eintritt 6,90 £
40 km südwestl. von Bath

ESSEN UND TRINKEN

Café Galatea Restaurant & Gallery
In Südenglands Zentrum der alternativen Szene hat sich inmitten von Gurus und New-Age-Jüngern eine vegetarische Küche höchster Qualität entwickelt. Das Café Galatea ist besonders beliebt bei der lokalen Bohemeszene, ausländischen Studenten und Individualreisenden. Im Café stammt jedes der angebotenen Gerichte aus Zutaten organischen Anbaus, die Tees und Fruchtsäfte werden von Öko-Produzenten geliefert, ebenso die Weine und Biere. Die ausgestellten Skulpturen, Bilder und Schmuckstücke sind zu verkaufen.
Glastonbury, 5a High Street • Tel. 0 14 58/83 42 84 • www.cafe galatea.co.uk • Mi–So 11–21, Fr, Sa bis 22 Uhr • €€

SERVICE
AUSKUNFT
Tourist Information Centre
The Tribunal, 9 High Street • Tel. 0 14 58/83 29 54 • www.glaston burytic.co.uk

Iford Manor Gardens   G 4
Das im 18. Jh. mit einer herrlichen Tudor-Fassade erbaute Herrenhaus steht bei Westwood direkt neben einer mittelalterlichen Steinbrücke über den Fluss Frome. Einst gehörte es dem edwardianischen Landschaftsarchitekten Harold Peto. In den terrassenförmig angelegten italienischen Gärten befinden sich kleine Teiche, zahlreiche Statuen, eine Kolonnadenreihe sowie weitere Steinmetzarbeiten. In den Sommermonaten fungiert der zwei Hektar große Garten (Peter Garden) als Schauplatz für Opernaufführungen und Picknicks der Besucher.
Tel. 0 12 25/86 31 46 • www.iford manor.co.uk • April–Sept. tgl. außer Mo und Fr 14–17 Uhr, Okt. nur So • Eintritt 5,50 £
12 km südöstl. von Bath

Stourhead   G 4
Exotische breitblättrige Laubbäume, Farnteppiche und Buchenwälder, Himalaya-Rhododendren, seltene Nadelbäume wie Silbertanne und Mazedonische Kiefer, aus Eiben gestaltete Tunnel sind nur einige wenige Highlights dieses berühmten Landschaftsparks, der eine Fläche von über 37 ha aufweist. Auch ein ummauerter Küchengarten mit Obstbäumen, Kräuterbeeten, in Form geschnittenen Hecken und Blumenrabatten gehört dazu. Der Garten von Stourhead ist überaus romantisch gestaltet und für viele Menschen Inbegriff einer perfekten Kulturlandschaft. Ein See, verschwiegene Grotten, kleine Brücken, seltene Bäume und Sträucher sowie pittoreske Gartenhäuser und -tempel umgeben den mit Kunstschätzen angefüllten Landsitz von 1721. Vom King Alfred's Tower, am Rande des Besitzes gelegen, hat man einen herrlichen Blick über die Grafschaften Dorset, Somerset und Wiltshire.
Tel. 0 17 47/84 11 52 • www.national trust.org.uk • Haus: April–Okt. Sa, So 11–17, Park: 9–18 Uhr • Eintritt Haus und Park 13,70 £, Haus oder Park 9,20 £
45 km südl. von Bath bei Mere

Taunton F4
6300 Einwohner

Taunton ist die Hauptstadt der Grafschaft Somerset, eine lieblich-romantische Gegend mit verschwiegenen Dörfern und Hügeln wie aus dem Bilderbuch. Im Westen der Stadt locken die Brendon Hills und der Nationalpark von Exmoor, eine friedliche, mit Heide und Ginster bewachsene Hochmoorlandschaft. Traditionelle Künste haben in Taunton und Umgebung überlebt: Symbol ländlichen Lebens sind die Somerset Willow Baskets, Weidenkörbe, die auch noch Generationen überdauern sollen. Und was könnte in Somerset, der Grafschaft des Ciders, wohl besser schmecken als ein gut gekühlter Apfelwein aus Taunton? Im Oktober geht es in der Stadt hoch her. Dann werden die Cider-Fässer um die Wette gerollt.
80 km südwestl. von Bath

SEHENSWERTES
The English Hurdle Centre
In der größten »Weidenfarm« Europas werden Ausstellungen sowie Arbeitsabläufe dargeboten.
Curload, Stoke Street Gregory (Abzweigung von der A 361 bei East Lyng) • Tel. 0 18 23/69 84 18 • www.stokestgregory.org • Mo–Fr 8–17 Uhr • Eintritt frei

MERIAN Tipp

MULBERRY FACTORY SHOP F4
Während die aktuellen Mulberry-Kollektionen hochpreisig daherkommen, kann man auf Schnäppchen des Luxus-Labels im Herstellungsort von Mulberry in Somerset hoffen. ▶ S. 18

Sheppy's Cider
Hier kann man sehen, wie Cider produziert wird, und ihn auch probieren. Mit kleinem Museum.
Three Bridges, Bradford-on-Tone (an der A 38 zwischen Taunton und Wellington) • www.sheppyscider.com • Mo–Sa 8.30–18, Juli, Aug. auch So 11–16 Uhr • Eintritt 2 £

Wells F4
10 000 Einwohner

Die Stadt Wells, im Jahre 909 zum Bischofssitz ernannt, besitzt eine der großartigsten Kathedralen Englands. Bereits 1180 wurde mit dem Bau der im frühgotischen (»early English«) Stil errichteten Kirche begonnen, Erweiterungen wie Westtürme, Marienkapelle und Querschiffe jedoch erst 200 Jahre später fertiggestellt. Die Skulpturengalerie an der Westfassade ist ein Meisterwerk der Steinmetzkunst, das Hunderte zum Teil überlebensgroße biblische Figuren, Engel, Könige, Ritter und Bischöfe darstellt. Im Innern verblüffen die doppelt geschwungenen Stützbögen der Vierung – eine einzigartige Konstruktion, die den Turm stützt (www.wellscathedral.org.uk, Spende 6 £).
Südlich der Kathedrale erhebt sich die im 13. Jh. erbaute Great Hall, die im 14. Jh. zum festungsähnlichen Bishop's Palace umgebaut wurde. Der Bischofspalast ist über eine Zugbrücke zugänglich.
Im Anschluss an das Cathedral Green gelangt man durch das alte Torhaus Chain Gate zum Vicar's Close, der »ältesten Reihenhaussiedlung Europas«. Sie wurde im Jahr 1348 unter dem Bishop of Shrewsbury als Wohnsitz für die Lehrer der Domschule geplant. 42 reizende

Bilderbuchidylle: Grüne Hügel und ländlich-schmucke Häuser prägen die Landschaft im Exmoor, hier das Dörfchen Allerford in der Nähe von Taunton (▶ S. 78).

Häuschen, ein jedes mit einem winzigen Vorgarten und meterhohen Kaminzügen, stehen sich in zwei Reihen gegenüber.
Ca. 40 km südwestl. von Bath

◎ Wookey Hole Caves 👥

F 4

Nahe dem Städtchen Wells liegt Wookey Hole, eine überaus beeindruckende Tropfsteinhöhle, deren Alter auf rund 50 000 Jahre geschätzt wird. 1914 von dem Archäologen Herbert Balch entdeckt, gilt sie als eine der spektakulärsten Höhlen Englands und der Legende nach als Sitz einer zaubermächtigen Hexe. Der Fremdenführer, der durch die Unterwelt führt, weiß so manche Geschichte zu erzählen. Faszinierend sind die in ewiger Dunkelheit ruhenden Seen, die der Fluss Axe speist, sowie die schönen Stalagmiten und Stalaktiten. Wieder ans Tageslicht zurückgekehrt, kann man einen Ableger von Madame Tussauds Wachsfigurenkabinett besuchen. Auf dem Gelände gibt es auch eine Papiermühle aus dem 19. Jh., die Besucher in das Handwerk des Papierschöpfens einweist.
www.wookey.co.uk • tgl. 10–17 Uhr • Eintritt 18 £, Kinder 12 £
40 km südwestl. von Bath

★ Winchester

H 4

39 000 Einwohner
Stadtplan ▶ S. 81

Bequem zu Fuß lassen sich die wichtigsten Bauwerke der Stadt von der High Street aus erreichen. Von der Kathedrale, Winchester Cathedral, dem bedeutendsten Bau des County, gelangt man zu The Close. Der Platz ist umgeben von hübschen Fachwerkhäusern, Geschäften und Cafés. Winchester ist auch idealer Ausgangspunkt für Wanderungen und

Radtouren in die umgebende hügelige Waldlandschaft.
An der Stelle der heutigen Stadt lag einst eine römische Siedlung, deren Hauptstraße sich – wie heute – vom Eastgate am River Itchen zum Westgate zog. Von 829 bis zur Eroberung durch die Normannen, also knapp 250 Jahre lang, war Winchester die Hauptstadt Englands. Winchester ist die Stadt der Könige: Heinrich III. wurde hier geboren und Mary Tudor hier vermählt, und in der »Großen Halle« befindet sich der legendäre Tisch von König Artus' Tafelrunde.

SEHENSWERTES
Great Hall ▶ S. 81, a 2
Die Halle, zwischen 1222 und 1235 errichtet, ist der einzige Überrest der ehemaligen Königsresidenz von Heinrich III. Bei dem sagenumwobenen »Runden Tisch« des Königs Artus, an dem dieser seine aus 24 Rittern bestehende Tafelrunde versammelte, handelt es sich allerdings um eine Kopie aus dem 13. Jh.
Castle Ave. • tgl. 10–17 Uhr • Eintritt frei, Spende (3 £) erwünscht

FotoTipp

WINCHESTER CATHEDRAL
Am frühen Morgen stehen weniger Besucher im Weg: Die eindrucksvolle Länge von 168 m des Langhauses der Dreieinigkeitskathedrale ergibt sich am besten mit Blick vom Eingangsbereich zum Altar. ▶ S. 80

Hospital of St Cross ▶ S. 81, südl. a 3
Am Fluss entlang gelangt man durch die Water Meadows zum ältesten Armenhaus Englands (12. Jh.). Wer an der Pförtnerloge vorspricht, erhält, wie einst Alte und Kranke, die »Wayfarer's Dole«, ein Glas Bier und ein Stück Brot. Besichtigt werden können u. a. Küche, Speisesaal, Kirche und Garten.
St Cross Road (ca. 2 km südl., A 333 nach Southampton) • www.stcross hospital.co.uk • April–Okt. Mo–Sa 9.30–17, So 13–17, Nov.–März Mo–Sa 10.30–15.30 Uhr • Eintritt 4 £

Winchester Cathedral ▶ S. 81, b 2/3
Eine der bedeutendsten Sehenswürdigkeiten Englands ist die Kathedrale von Winchester, deren älteste Abschnitte bereits aus dem 11. Jh. stammen. Hier wurden nicht nur Könige getauft, vermählt und bestattet, sondern auch Schriftsteller und Helden geehrt. Reizvoll ist die Domfreiheit: Der weitläufige Platz ist umgeben von hübschen historischen Gebäuden. Die Kathedrale war Drehort für Dan Browns Romanverfilumg »Da Vinci Code«.
5 The Close • www.winchester-cathedral.org.uk • Mo–Sa 9–17, So 12.30–15.15 Uhr • Eintritt 6 £

MUSEEN
City Museum ▶ S. 81, b 2
Das kleine Museum dokumentiert anhand von zahlreichen Exponaten die Geschichte der Stadt Winchester.
The Square • Tel. 0 19 62/86 30 64 • Mo–Sa 10–17, So 12–17 Uhr • Eintritt frei

Westgate Museum ▶ S. 81, a 1
Ein mittelalterliches Stadttor dient heute der Ausstellung von Maßen und Gewichten aus der Tudorzeit.
High Street • Tel. 0 19 62/86 98 64 • Mo–Sa 10–17, So 12–17 Uhr • Eintritt frei

SPAZIERGANG

Das Tourist Information Centre veranstaltet mehrmals täglich Stadtspaziergänge (6 £). Schön ist der Riverside Walk ab Bridge Street, der am Fluss Itchen entlang und an historischen Mühlen und einem Schloss vorbei zum alten Armenhaus Hospital of St Cross führt. Von dort kann man auch mit dem Bus bequem zum Ausgangspunkt zurückkehren.

ÜBERNACHTEN

Giffard House ▶ S. 81, westl. a 3
Modernisierte Villa • Die Gästezimmer der viktorianischen Villa aus dem 19. Jh. – ein jedes unterschiedlich gestaltet – sind allesamt modernisiert, viele bieten einen schönen Blick in den Garten.
50 Christchurch Road • Tel. 0 19 62/ 85 26 28 • www.giffardhotel.co.uk • 13 Zimmer • €€€

Hotel du Vin ▶ S. 81, a 2
Alte Eleganz • Das historische stilvolle Stadthaus liegt sehr zentral, unweit der Sehenswürdigkeiten, und verfügt über einen zauberhaften »walled garden«, elegante Gästezimmer sowie ein beliebtes Bistro.
Southgate Street • Tel. 0 19 62/ 84 14 14 • www.hotelduvin.com • 24 Zimmer • €€€

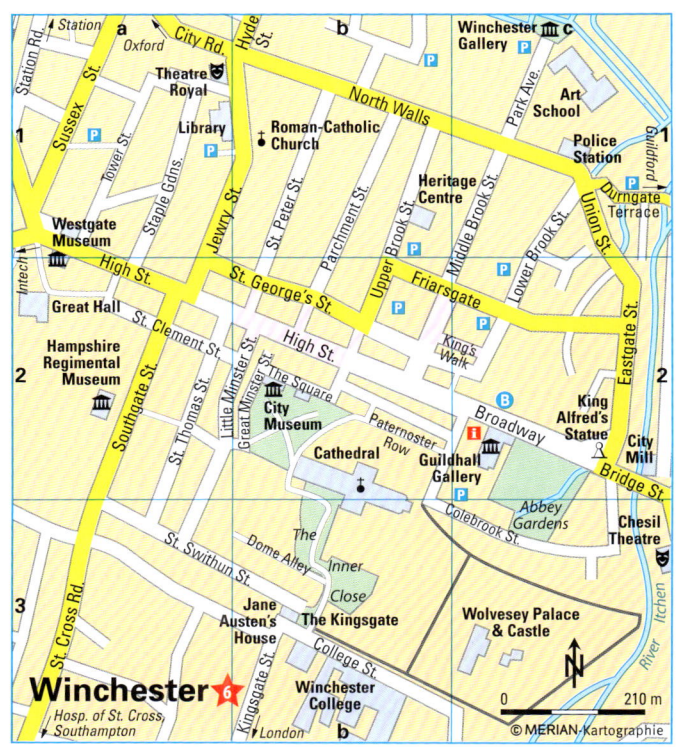

Westgate Inn ▶ S. 81, a 1
In historischer Umgebung • Gegenüber dem Westgate und mit verblichener Pracht präsentiert sich das Hotel. Im Erdgeschoss liegt der beliebte Westgate Inn.
2 Romsay Road • Tel. 0 19 62/82 02 22 • www.westgateinn.co.uk • 8 Zimmer • €€

ESSEN UND TRINKEN

Chesil Rectory ▶ S. 81, c 3
Zauberhaft • Polierte Holzdielen, bleiverglaste Fenster, niedrige Decken mit Balken und ein offener Kamin prägen den Ort. Das Essen (kreative englische Küche) ist hervorragend, und die Karte verzeichnet die Produzenten der Zutaten, mit denen die Speisen bereitet werden.
1 Chesil Street • Tel. 0 19 62/85 15 55 • www.chesilrectory.co.uk • tgl. 12–14.30 und 18–21.30 Uhr • €€€

The Cathedral Refectory
▶ S. 81, b 3
Wunderbare Aussicht • In einem modernen Gebäude 50 m abseits der Kathedrale gelegenes Restaurant, das sich durch eine hervorragende Küche auszeichnet. Man genießt einen herrlichen Blick auf die Westfassade der Kathedrale.
Inner Close • Tel. 0 19 62/85 72 58 • www.winchester-cathedral.org.uk • tgl. 9.30–17 Uhr • €€

The Willow Tree ▶ S. 81, c 1
Garten am Fluss • Hübsche Lage und zudem mit Garten: Das Restaurant mit Pub serviert mittags auch Kleinigkeiten. Beliebter Treffpunkt ist der Sunday Lunch.
14 Durngate Terrace • Tel. 0 19 62/87 72 55 • www.thewillowtree winchester.co.uk • Di–Sa 12–23, So 12–18 Uhr • €€

Winchester (▶ S. 79), Verwaltungssitz der Grafschaft Hampshire, lädt zu einem Bummel durch seine idyllische Innenstadt mit zahlreichen Sehenswürdigkeiten.

EINKAUFEN

City Mill ▶ S. 81, c 2

Das vom National Trust unterhaltene Häuschen ist Teil der alten Mühle (18. Jh.), die den River Itchen überspannt und noch heute in Betrieb ist. Der Shop (ohne Eintritt über die Main Street zugänglich) hat eine Auswahl an regionalem Kunsthandwerk und vertreibt das in der Mühle gemahlene Vollwertmehl.
Bridge Street • www.nationaltrust. org.uk • April–Dez. Sa, So 10.30–17 Uhr • Eintritt 4 £

P & G Wells 🍴 ▶ S. 81, b 3

Die älteste Buchhandlung der Stadt ist bereits von außen sehenswert. Das Sortiment umfasst auch ein Antiquariat sowie Kinderbücher.
11 College Street • www.bookwells. co.uk • Mo–Sa 9–17.30, So 11–17 Uhr

AM ABEND

The Wykeham Arms ▶ S. 81, südl. b 3

Preisgekrönter Pub, untergebracht in einem historischen Gebäude.
75 Kingsgate Street • Tel. 0 19 62/ 85 38 34 • www.wykehamarms winchester.co.uk

SERVICE

AUSKUNFT
Tourist Information Centre ▶ S. 81, c 2

Guildhall, The Broadway, High Street • Tel. 0 19 62/84 05 00 • www. visitwinchester.co.uk

Ziele in der Umgebung

◎ Chichester 📖 J 5

27 000 Einwohner

Die kleine, von den Römern gegründete Marktstadt verfügt über ein geschlossenes architektonisches Bild. Ein idyllischer Promenadengang führt entlang der mittelalterlichen, auf römischen Fundamenten stehenden Stadtwälle. Vier Hauptstraßen treffen am **Market Cross** (1501) zusammen, einem der landesweit schönsten mittelalterlichen Marktkreuze. Reich verziert, mit achteckigem Grundriss und Bogengängen, ist der beliebte Treffpunkt der Stadt nach Sonnenuntergang festlich illuminiert. Die normannische **Kathedrale** stammt von 1108. Ihr Innenraum ist reich ausgestattet mit Bischofsporträts sowie Darstellungen englischer Könige.
www.visitchichester.org
60 km südöstl. von Winchester

SEHENSWERTES
Fishbourne Roman Palace

Zu den Überresten dieses großen römischen Palastes (1. Jh.) gehören kunstvolle Bodenmosaike, Heizungssysteme und Bäder.
Ca. 2 km westl. des Zentrums,
A 259, Salthill Road (Fishbourne) • www.sussexpast.co.uk • März–Okt. tgl. 10–17, Winter 10–16 Uhr • Eintritt 8,80 £

⭐ MERIAN Tipp

WELLDIGGERS ARMS 📖 J 4

Der wunderbar traditionelle und über 300 Jahre alte Country Pub, umgeben vom Naturschutzgebiet South Downs, lohnt einen Abstecher. ▶ S. 18

◎ Isle of Wight 📖 H–J 5

133 000 Einwohner

Reetgedeckte Cottages, üppige Rosenhecken und urige Pubs, dazu helle Sandstrände und Segelboote, wohin man auch blickt – die Isle of

Wight (▶ S. 106) ist ein besonders schönes Stück Südengland. Mehr als die Hälfte der Inselfläche ist zudem ausgewiesen als »Area of Outstanding Beauty« und verlockt zum Wandern und zur Naturbeobachtung. Das Eiland wird vom Festland durch den Solent getrennt, früher ein Fluss, der bei Southampton mündete, heute eine Meerenge. Wahrzeichen der Insel sind die an der Westspitze im Wasser aufragenden Needles, Millionen von Jahren alte Kreideformationen, die die Erosion mit der Zeit zu schlanken, spitzen Säulen geformt hat.

Die mit 37 x 21 km kleinste Grafschaft Englands ist bekannt für ihre vielfältige Landschaft und kleinen gepflegten Dörfer. Im Osborne House (www.english-heritage.org.uk, ab April tgl. 10–18 Uhr, Eintritt 14,30 £) hielten während der Sommermonate Königin Victoria und Prinz Albert Residenz.
www.visitisleofwight.co.uk
45 km südl. von Winchester

ÜBERNACHTEN
Farringford Hotel
Wohnen wie bei Lords • Die hübsche Villa Farringford des viktorianischen Dichters Lord Tennyson (1809–1892), umgeben von 15 ha Park, besitzt stilvolle Zimmer.
Bedbury Lane, Freshwater • Tel. 0 19 83/75 25 00 • www.farringford.co.uk • 18 Zimmer • €€€

◎ Portsmouth　　　J 5
210 000 Einwohner
Die Hafenstadt Portsmouth lebt vom Handel und Verkehr, der im Wesentlichen über den großen Hafen abgewickelt wird. Hier liegt auch Nelsons Flaggschiff »Victory« vor Anker, mit dem dieser 1805 nach Trafalgar auslief. Um den Hafen erstreckt sich die Altstadt. Die historischen Befestigungsanlagen befinden sich am Ende des Bath Square zwischen Häusern aus dem 18. Jh.
www.visitportsmouth.co.uk
35 km südöstl. von Winchester

MUSEEN
Charles Dickens Birthplace Museum
In Portsmouth wurde 1812 Charles Dickens geboren. Sein Geburtshaus wurde in ein Museum umgewandelt.
393 Old Commercial Road • www.charlesdickensbirthplace.co.uk • Mai–Sept. Fr–So 10–17.30 Uhr • Eintritt 4,20 £

◎ Salisbury　　　H 4
49 000 Einwohner
Salisbury ist ein beliebtes Touristenziel, und die Altstadt gilt als eine der schönsten des Landes. Die bedeutendste Sehenswürdigkeit ist die gotische St Mary's Cathedral aus dem 13. Jh. – ihr Kirchturm ist mit 123 m der höchste des Landes (www.salisburycathedral.org.uk, tgl. 9–17 Uhr, Eintritt frei, Spende 7,50 £). Zu den Kostbarkeiten der Kathedrale gehören der Kreuzgang und die Westfront. Voller Atmosphäre ist die Domfreiheit: Um die Rasenfläche gruppieren sich die historischen Unterkünfte kirchlicher Würdenträger. Von seltener Schönheit sind die im Schachbrettmuster, den Chequers, erbauten Häuserviertel: Historische Gasthöfe aus dem 13.–15. Jh., etwa das King's Arms Inn, und Fachwerkhäuser prägen die stimmungsvolle Altstadt.
www.visitwiltshire.co.uk
40 km westl. von Winchester

Southampton

234 000 Einwohner

Southampton wurde schon früh eine der bedeutendsten Hafenstädte Englands. Von hier aus startete bereits die »Titanic« in die Neue Welt.

Anfang des 20. Jh. avancierte die Stadt zum Hafen für den Transatlantikverkehr nach New York, eine Ära, die erst Mitte der 1960er-Jahre zu Ende ging. Historisch gesehen hat die Stadt wenig zu bieten. Während des Zweiten Weltkriegs wurden beträchtliche Teile der Altstadt zerstört. Reste der mittelalterlichen Stadtmauer, die sich von der Esplanade aus betrachten lassen, sowie einige historische Gebäude blieben erhalten. Beeindruckend ist die Atmosphäre im Hafen: Riesige Fährschiffe, Hafenarbeiter, Matrosen, Kapitäne und Touristen geben sich hier täglich ein Stelldichein.

www.discoversouthampton.co.uk
20 km südl. von Winchester

MUSEEN

SeaCity Museum

In Southampton begann die erste und letzte Reise der Titanic. Das Museum zeigt die Geschichte der Stadt, ihres Hafens und der Seefahrt. Eine Ausstellung ist der Titanic (mit Schiffsmodell) gewidmet, eine andere der in Southampton beginnenden Auswanderung in die neue Welt.

Civic Centre, Havelock Road • Tel. 0 23/80 83 30 07 • www.seacitymuseum.co.uk • tgl. 10–17 Uhr • Eintritt 6,50 £, Kinder 4,50 £

Stonehenge

Die aus der Jungsteinzeit stammenden Steinpfeiler werden von knapp 700 000 Touristen pro Jahr besucht. Noch immer spekulieren Wissenschaftler darüber, ob es sich bei der Stätte um ein Kultzentrum oder eine Sternwarte handelt. Die Anlage wird aus zwei konzentrischen Steinkreisen gebildet. Der äußere weist einen Durchmesser von 30 m auf und besteht aus 17 (ursprünglich 30) massigen Trilithen (zwei aufrecht stehenden Monolithen, die einen Querstein tragen). Den inneren Kreis bilden Monolithen. Innerhalb der Steinkreise befinden sich zwei hufeisenförmige Steinformationen aus Sandstein bzw. Blaubasalt, der äußere wiederum aus Trilithen, der innere aus Monolithen. Die Steinblöcke wurden teils aus Hunderte von Kilometern entfernten Orten herantransportiert, dann bearbeitet und zusammengefügt.

Mit Radiocarbontests konnten Archäologen drei verschiedene Bauperioden identifizieren. Danach lässt sich die älteste Phase der Anlage auf rund 2800 v. Chr. (Neolithikum) datieren. In der Bronzezeit, zwischen 2000 und 1500 v. Chr., wurde die Anlage erweitert, unter anderem um die Prozessionsallee. In einem dritten Stadium, um 1100 v. Chr., wurde der Prozessionsweg bis zum Ufer des Avon verlängert.

Alljährlich zur Mittsommernacht wird Stonehenge zum Wallfahrtsort von New-Age-Anhängern aus ganz Europa. Kultische Zeremonien am Steinkreis sind jedoch verboten, und die esoterische Jahrmarktsatmosphäre macht sich nur in der weiteren Umgebung breit.

www.stonehenge.co.uk • Sommer 9–20, Winter 9.30–16 Uhr • Eintritt 14,50 £, Kinder 8,70 £ (Vorausbuchung erforderl., online oder Tel. 02 03/540 77 07)
50 km nordwestl. von Winchester

Kent und Sussex

Im Osten Südenglands trifft der Besucher auf eine ländlich-gepflegte Idylle, die mit zahlreichen Schlössern und Gärten, verträumten Dörfern und quirligen Städten bezaubert.

◀ Die schmalen Gassen in Brightons (▶ S. 94) North Laines sind gesäumt von Boutiquen und Restaurants.

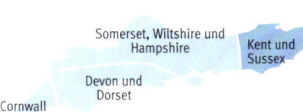

Herrliche Parklandschaften, üppig blühende Bauerngärten, reetgedeckte Cottages und stolze Burgen: In den Grafschaften Sussex und Kent trifft man auf ein malerisches Südengland. Die liebliche Region avancierte dank ihrer Nähe zu London zu einer beliebten und teuren Wohngegend inmitten von Hügeln und Hopfengärten. Tatsächlich sind die Hopfenfelder von Kent zum heimlichen Wahrzeichen der Grafschaft geworden. Die »Oast Houses«, Häuser mit spitzen roten Ziegeldächern, werden zum Trocknen des Hopfens benutzt. In den verträumten Dörfern sind viele alte Häuser holzverschalt und von Kletterrosen bewachsen. In sogenannten Tea Rooms lädt man ein zum »High Tea« mit »scones« (süßen Brötchen) und »clotted cream« (geschlagenem Rahm). Anziehungspunkte für Besucher sind auch die beiden Städte **Brighton** und **Canterbury**, die über eine Vielzahl von herausragenden Sehenswürdigkeiten verfügen. Einmal sollte man während seines Südengland-Aufenthalts nach Brighton fahren, durch die engen Gassen des ehemaligen Fischerviertels The Lanes laufen und in der English Oyster Bar einkehren. Und schließlich Canterbury: Die dortige Kathedrale gehört zu den beeindruckendsten Gotteshäusern der Welt und ist seit T.S. Eliots »Murder in the Cathedral« (»Mord im Dom«) auch jedem Schüler bekannt. Neben den größeren Städten gilt es aber auch, unbekannte Wege zu gehen und kleine, weniger bekannte Dörfer zu besuchen.

Canterbury M 4
151 000 Einwohner
Stadtplan ▶ S. 89

Zum romantischen Stadtbild trägt der Fluss Stour bei, der Canterbury viele Brücken und Stege beschert. An seinen Ufern liegen Fachwerkhäuschen unter Weidenbäumen.
Berühmt wurde die heutige Universitätsstadt und Hauptstadt der Grafschaft Kent durch ihre Stellung als ein geistiges Zentrum des Christentums: Im 6. Jh. begründete der römische Missionar Augustinus in Canterbury eine nach ihm benannte Abtei, St Augustine's. An derselben Stelle entstand im 11. Jh. die heutige Kathedrale. Das spätgotische Gotteshaus wurde 1170 Schauplatz eines Verbrechens: Erzbischof Thomas Becket, der frühere Vertraute Heinrichs II., wurde auf dessen Veranlassung in der Kathedrale ermordet. Während des Zweiten Weltkriegs erlitt Canterbury schwere Schäden. Bei heftigen Bombardements 1942 wurde ein Drittel der Stadt zerstört.

SEHENSWERTES
 Canterbury Cathedral

▶ S. 89, b/c 2

Die berühmteste und bedeutendste Kirche Großbritanniens ist ein »must« jeder Canterbury-Besichtigung. Erst ein Besuch der Kathedrale vermittelt die Schönheit und Spiritualität des Bauwerkes, heute ein UNESCO World Heritage Site. Seit dem Mittelalter ist die Kathedrale, in

der bis zum heutigen Tag Gottesdienste stattfinden, Ziel zahlreicher Gläubigen und Pilger, hier verbinden sich Geschichte, Baukunst und Glaube auf unnachahmliche Weise.
Um 1070 begann man auf den Ruinen der von Augustinus errichteten und durch einen Brand zerstörten Christ Church mit dem Bau der Kathedrale. Ein Jahrhundert später wurde im nordwestlichen Querschiff Thomas Becket erschlagen. Ausgetreten sind die Stufen, die zur Dreifaltigkeitskapelle, Trinity Chapel, führen: Bis zur Zerstörung durch Heinrich VIII. im Jahre 1538 befand sich hier der vergoldete Schrein des Erzbischofs. Empfehlenswert ist die Besichtigung mit Audio-Guide (u. a. in Deutsch).
Mercery Lane, Christ Church Gate • www.canterbury-cathedral.org • Winter Mo–Sa 9–17, Sommer bis 17.30, So 12.30–14.30 Uhr • Eintritt 10,50 £

 MERIAN Tipp

GOTTESDIENST IN DER CANTERBURY CATHEDRAL ▶ S. 89, b/c 2
Zwischen Sonnenauf- und -untergang finden in der Kathedrale von Canterbury täglich mehrere Messen im Chor (Quire) statt, die genauen Zeiten finden Interessierte unter www.canterbury-cathedral.org. ▶ S. 19

Historic River Tour ▶ S. 89, b 2
Canterbury einmal aus einer anderen Perspektive, nämlich vom Wasser aus: Mit kleinen Booten geht es zu den schönsten Häusern der Stadt, die historische Flussfahrt startet ab Weavers Restaurant Garden an der King's Bridge (St Peter's Street).
The Ducking Stool, The Old Weavers, St Peter's Street • Tel. 0 77 90/53 47 44 • www.canterburyrivertours.co.uk • März–Okt. tgl. 10–17 Uhr halbstündl. • Ticket 9 £

St Augustine's Abbey ▶ S. 89, c 3
Die Überreste der 598 von Augustinus außerhalb der Stadtmauern gegründeten Abtei, in der dieser und König Ethelbert begraben wurden, sind heute integriert in das gleichnamige College. Beachtung verdient besonders das aus dem 13. Jh. stammende Torhaus Fyndon's Gate.
Monastery Street, Longport • www.english-heritage.org.uk • April–Sept. tgl. 10–18, sonst Mi–So 10–17 Uhr • Eintritt 5,40 £

Weavers Houses ▶ S. 89, b 2
In den Tudor-Cottages am River Stour lebten im 16. Jh. flämische und hugenottische Einwanderer, die als Weber und Färber arbeiteten.
1–3 St Peter's Street

West Gate ▶ S. 89, a 2
Das 1380 erbaute Stadttor ist das einzig erhaltene der Stadt. Bis ins 19. Jh. ein Gefängnis wird ein Teil des Stadttores an der Pound Lane zurzeit in ein Café-Restaurant umgewandelt.
St Peter's Street/1 Pound Lane

MUSEEN
The Canterbury Tales 🏷 ▶ S. 89, b 3
In Canterburys mittelalterlicher Kirche St Margaret erwartet den Besucher eine spannende Reise in die Vergangenheit: Nicht nur die von dem großen englischen Dichter Geoffrey Chaucer (1340–1400) beschriebenen Pilger zu Beckets Grab erwachen wieder zum Leben, auch

die Gerüche und Geräusche von damals werden dem Besucher vergegenwärtigt. Den Kommentar gibt es auch in deutscher Sprache und speziell für Kinder.
St Margaret's Street • Tel. 0 12 27/47 92 27 • www.canterburytales.org.uk • tgl. 10–17 Uhr • Eintritt 8,95 £, Kinder 6,95 £

Canterbury Heritage Museum
▶ S. 89, b 3

Das mehrfach mit Preisen ausgezeichnete Stadtmuseum ist im einstigen »Poor Priest's Hospital« untergebracht, einem Hospiz aus dem 14. Jh. für bedürftige Geistliche. Interessant sind Fundstücke aus römischer Zeit und Webarbeiten aus der Hugenotten-Epoche. Eine Fotodokumentation zeigt die zerbombte Stadt 1942.
Stour Street • Mo–Sa 11–16 Uhr • Eintritt 8 £

Roman Museum
▶ S. 89, b 3

Das römische Museum von Canterbury erinnert mit archäologischen Exponaten an die römische Zeit.
Longmarket, Butchery Lane • tgl. 10–17 Uhr • Eintritt 8 £

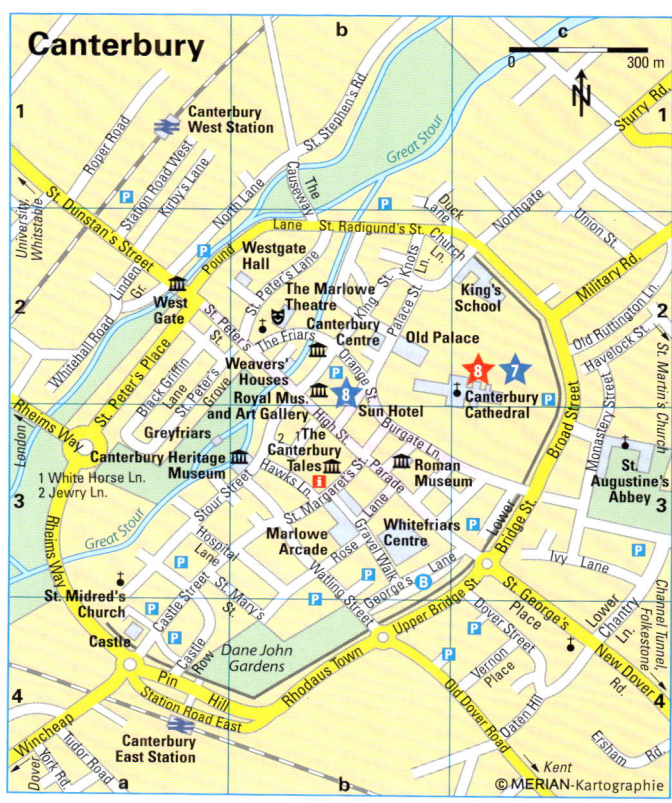

SPAZIERGANG

Die Innenstadt und die Umgebung Canterburys eignen sich hervorragend für Spaziergänge und Wanderungen. Wanderkarten sind etwa in der Touristeninformation erhältlich. Stadtführungen, **Canterbury walks**, veranstaltet:

Canterbury Tourist Guides
Tel. 0 12 27/45 97 79 • www.canterburyguidedtours.com • Treffpunkt ist an der Straße Buttermarket gegenüber der Kathedrale • April–Okt. tgl. 11 und 14, Nov.–März tgl. 11 Uhr • Teilnahme 7,50 £

ÜBERNACHTEN

Abode ▶ S. 89, b 3
Mit Überraschungseffekt • Hinter der Fassade des historischen Tudor House in bester Innenstadtlage (Fußgängerzone) verbirgt sich modernes, minimalistisches Design. Tipp für ein besonderes Übernachtungserlebnis: Die Fabulous Suite mit eigenem Dachgarten und Blick auf die Kathedrale.
30–33 High Street • Tel. 0 12 27/76 62 66 • www.abodecanterbury.co.uk • 72 Zimmer • €€€€

MERIAN Tipp

SUN HOTEL ▶ S. 89, b 2
In diesem Inn in Canterbury aus dem 15. Jh. wohnte schon Charles Dickens, der das Tudor-Gasthaus anschließend als »Little Inn« beschrieb. ▶ S. 19

St Stephen's ▶ S. 89, nördl. b 1
Idyllisch im Grünen • Familiär geführtes Guesthouse im Tudor-Stil, in ruhiger Lage, zehn Minuten vom Stadtzentrum entfernt. Ein Bilderbuchgarten umgibt das hübsche Haus mit schwarzem Fachwerk.
100 St Stephen's Road • Tel. 0 12 27/76 76 44 • www.ststephens-guesthouse.co.uk • 12 Zimmer • €€

Carena House B&B
▶ S. 89, südwestl. a 4
Viktorianischer Stil • Das sympathische Gästehaus (mit mehreren Preisen) bietet ruhige Zimmer abseits der Straßenseite, ins Stadtzentrum sind es nur zehn Minuten zu Fuß. Köstlich ist das Full English Breakfast aus dem Backofen.
250 Wincheap • Tel. 0 12 27/76 56 30 • www.carenaguesthouse.co.uk • 5 Zimmer • €

ESSEN UND TRINKEN

Azouma ▶ S. 89, c 3
Wasserpfeife zum Dessert • Hier gibt es üppige marokkanische Gerichte, außerdem beliebte Lunch-Buffets. Orientalisches Dekor.
4 Church Street, St Paul's • Tel. 0 12 27/76 00 76 • www.azouma.co.uk • Mo–Fr 12–15 und 17–23, Sa 12–24, So 12–22 Uhr • €€

Tiny Tim's Tearoom ▶ S. 89, b 3
400 Jahre alter English Tearoom • Atmosphäre von 1930 in vier von Kronleuchtern erhellten Teeräumen.
34 St Margaret's Street • Tel. 0 12 27/45 07 93 • www.tinytimstearoom.co.uk • Di–So 9.30–17 Uhr • €€

The Moat Tea Rooms ▶ S. 89, b 3
Entzückend altmodisch • Hier gibt es in einem Fachwerkhaus aus dem 16. Jh. köstliches Gebäck.
67 Burgate • Tel. 0 12 27/78 45 14 • www.moattearooms.co.uk • Mo–Sa 9–17, So 11–17 Uhr • €

Meisterwerk gotischer Baukunst: Die Kathedrale von Canterbury (▶ MERIAN TopTen, S. 87) ist ein imposanter Kirchenbau mit himmelragendem Strebewerk.

EINKAUFEN

Canterbury Pottery ▶ S. 89, b 3

In dem von seiner Mutter gegründeten Laden dekoriert Richard Chapman »pots« mit Motiven aus Kents Landschaft und Geschichte.
The Buttermarket, 38a Burgate • Tel. 0 12 27/45 26 08 • www.canterburypottery.com

🌿 Canterbury Wholefoods

▶ S. 89, b 3

Der von einer Kooperative betriebene Laden bietet Obst, Gemüse, Käse, Brot und andere Lebensmittel aus ökologischem Anbau, darunter auch Demeter-Produkte, außerdem Kosmetika von Weleda, von Dr. Hauschka, Dr. Bach-Blütenessenzen und homöopathische Arzneimittel. Am schwarzen Brett wird über Meditationskurse, Reiki, Esoterik-Seminare etc. informiert, und das Good Foods Café im 1. Stock, das vegetarische Küche serviert, ist Treffpunkt der ökologisch ausgerichteten »Neighbourhood«.
Jewry Lane (Whitehorse Lane ab High Street) • Tel. 0 12 27/46 46 23 • www.canterbury-wholefoods.co.uk • Mo–Sa 9–18, So 11–17 Uhr

🌿 The Goods Shed ▶ S. 89, a 1

Beste Lebensmittel, eine super Atmosphäre und freundliche, aufgeschlossene Kunden machen den Einkauf zum Erlebnis: Der »daily farmers market« in einem historischen Bahnhofsgebäude wird beliefert von kleinen lokalen Betrieben, Bauernhöfen und Herstellern, die umweltbewusst arbeiten. Im angeschlossenen Restaurant mit Ausblick auf den Markt lassen sich die Köstlichkeiten gleich probieren.
Station Road West • www.thegoodsshed.net • Tel. 0 12 27/54 91 53 • Di–Sa 9–19, So 10–16 Uhr

SERVICE
AUSKUNFT
Tourist Information Centre
▶ S. 89, b 3

Beaney House, 18 High Street • Tel. 0 12 27/86 21 62 • www.canterbury.co.uk

AKTIVITÄTEN
Canterbury Ghost Tour ▶ S. 89, b 3

Alles eine Frage der eigenen Wahrnehmung: John Hippesley kennt sich aus mit allen möglichen Familien von Geistern und lässt Interessierte teilhaben an seinen Erfahrungen und nimmt sie mit zu den Orten, wo empfängliche Naturen die energetische Präsenz der mit dem Auge nicht sichtbaren Wesen fühlen können
38 St Margaret's Street • Tel. 08 45/ 5 19 02 67 • www.canterburyghosttour.com • Fr, Sa 20 Uhr, Treffpunkt vor Alberry's Wine Bar in der St Margaret's Street • Teilnahme 10 £, Kinder 8,50 £

Ziele in der Umgebung

◎ Biddenden L 4
6000 Einwohner

Südwestlich von Canterbury liegt das Dorf Biddenden. Überliefert ist die Wohltat von siamesischen Zwillingen, die Anfang des 12. Jh. hier starben und ihr Vermögen den Armen hinterließen. Jährlich zu Ostern erinnert man sich an die Stiftung, wenn bei der Biddenden Dole Distribution Lebensmittel verteilt werden. Im 15. Jh. kamen flämische Weber in das Dorf, die Werkstätten und Wohnhäuser aus Backstein und Fachwerk errichteten. Viele ihrer Gebäude sind gut restauriert. Sehenswert ist die Old Cloth Hall, das Haus eines Tuchherstellers aus dem 17. Jh. 2,5 km südlich findet man in Whatmans die Biddenden Vineyards, die ältesten Weingärten Kents (Eintritt frei), und die Three Chimneys, Hopfentürme aus dem 16. Jh.
An der A 262 • www.biddendenkent.co.uk
45 km südwestl. von Canterbury

◎ Broadstairs M 4
22 000 Einwohner

An »Kent's Leisure Coast«, der Erholungs- und Ferienküste des County, liegt zwischen den Ortschaften Margate und Ramsgate in einer Bucht aus Kalkklippen Broadstairs. Der kleine Ort war zwischen 1837 und 1851 Feriendomizil von Charles Dickens, der hier einige seiner Erzählungen schrieb. Die ruhige Stadt besitzt schöne Strände und ist nicht so überlaufen wie die benachbarten Seebäder. Im Juni beherrscht das Dickens Festival (▶ S. 118) das Leben in Broadstairs.
www.visitbroadstairs.co.uk
25 km von Canterbury

MUSEEN
Bleak House

Das burgähnliche Anwesen thront auf der Steilküste, hier vollendete Charles Dickens seinen Roman »David Copperfield«.
Fort Road • www.bleakhousebroadstairs.co.uk • Mo–Sa 11–17 Uhr • Eintritt 4 £

Dickens House Museum

Das hinter der Viking Bay gelegene Museum ist mit Memorabilia des Schriftstellers gefüllt.
Victoria Parade • www.visitthanet.co.uk • Tel. 0 18 43/86 12 32 • April–Juni tgl. 11–16.30, Juli–Sept. 10–16.30, Okt., Nov. 13–16.30 Uhr • Eintritt 3,75 £

ÜBERNACHTEN
Royal Harbour Hotel 📖 M 4
Gästehaus mit Kunst • Der Besitzer transformierte zwei historische »terrace houses« zu einem noblen, inspirierenden Gästehaus.
Ramsgate, 10–11 Nelson Crescent • Tel. 0 18 43/59 15 14 • www.royalharbourhotel.co.uk • 27 Zimmer • €€

◎ Dover 📖 M 4
40 000 Einwohner
Die weißen Kreidefelsen von Dover sind für zahlreiche Reisende der erste Eindruck des Landes. Für viele ist Dover, das »Tor zu England«, meist nur eine Durchgangsstation – eigentlich schade, denn die Stadt besitzt mehrere Sehenswürdigkeiten.
www.visitkent.co.uk
25 km südöstl. von Canterbury

SEHENSWERTES
Dover Castle
Die oberhalb der Klippen gelegene mittelalterliche Befestigungsanlage ist eine der beeindruckendsten Europas. Von den Zinnen der Burg kann man bei klarem Wetter die französische Küste sehen. Der Öffentlichkeit zugänglich sind auch die unterirdischen Burganlagen (Hellfire Corner). Spannend ist auch die Besichtigung der mittelalterlichen Verliese sowie die Sound & Light Show (auch auf Deutsch).
Auf dem Felsen östlich der Stadt • www.english-heritage.org.uk • tgl. 10–18, Nov.–Jan. Sa, So 10–16 Uhr • Eintritt 18 £

MUSEEN
Dover Museum
Das Museum zur Archäologie und Geschichte der Region zeigt das älteste seetüchtige Boot der Welt (Bronze Age Boat Gallery) sowie Exponate aus römischer, angelsächsischer und normannischer Zeit.
Market Square • www.dovermuseum.co.uk • Mo–Sa 9.30–17, April–Sept. auch So 10–15 Uhr • Eintritt 4,20 £, Kinder 3 £, Familie 11 £

ÜBERNACHTEN
Wallett's Court 📖 M 4
Traumhaftes Country House • Laura-Ashley-Atmosphäre in großen Zimmern mit »four poster beds«; stilvolles Restaurant, üppiges Frühstück im Wintergarten mit Blick auf die liebliche Landschaft.
Westcliffe, St Margaret's-at-Cliffe • Tel. 0 13 04/85 24 24 • www.wallettscourt.com • 17 Zimmer • €€€

◎ Leeds Castle 📖 L 4
Das Schloss, idyllisch auf zwei kleinen Inseln inmitten eines Sees gelegen, war im Mittelalter bevorzugtes Domizil der englischen Königinnen. 1926 avancierte das 1200 Jahre alte Schloss zum feudalen Wohnsitz eines britischen »upperclass«-Paares, das die Zimmerfluchten und Salons im französischen Country-Look einrichtete. Zum Anwesen gehört ein Park, u. a. mit Irrgarten, Teichen, den historischen Culpeper Gardens, Spielplätzen und Restaurant.
Das als Befestigunganlage konzipierte Schloss wurde im Jahre 857 erbaut. Nachdem Leeds Castle im 13. Jh. in den Besitz der königlichen Familie übergegangen war, ließ Heinrich VIII. das Schloss modernisieren und als Königssitz herrichten.
An der M 20 (Abfahrt 8), Maidstone (6,5 km östl.) • www.leeds-castle.com • tgl. 10.30–17.30 Uhr (am Wochenende Wartezeiten) • Eintritt 24 £
30 km westl. von Canterbury

Royal Tunbridge Wells L 4

57 000 Einwohner

In der friedvollen, von Wald und Hügeln umgebenen Stadt entdeckte man 1606 eisenhaltige Mineralquellen. Damit begann der Aufstieg zum viel besuchten Kurort. Die nach ihrer ursprünglichen Bepflasterung aus holländischen Ziegeln benannte Allee **The Pantiles** vermittelt mit ihren Säulenarkaden und schmucken Häusern einen eleganten Eindruck. In den Pantiles findet man auch ein kleines Museum, das die hochherrschaftliche Kurbad-Atmosphäre des 18. Jh. näherzubringen sucht.

Wenige Kilometer nördlich von Tunbridge Wells liegt an der A 21 das Dorf **Tudeley** mit einer entzückenden kleinen Kirche. Diese enthält schöne Glasfenster, ein Werk des berühmten russisch-französischen Grafikers und Malers Marc Chagall (tgl. 9–18 Uhr, Eintritt frei).
www.visittunbridgewells.com
65 km westl. von Canterbury

Sissinghurst Gardens 10 L 4

Gartenliebhaber aus ganz Europa pilgern zum Garten der Victoria Sackville-West, heute im Besitz des National Trust. Als die Schriftstellerin 1930 zusammen mit ihrem Ehemann Harold Nicholson das Anwesen Sissinghurst erwarb, gab es nur einen verwahrlosten Garten. Heute strömen die Besucher heran, um einen Blick auf die passioniert gestalteten Gartenräume zu werfen: etwa den »Weißen Garten«, eine Symphonie aus weiß blühenden Blumen in allen Größen und Formen, oder den Rosen- und den Kräutergarten.

Besichtigt werden können auch das Arbeitszimmer von Victoria Sackville-West sowie der Raum, in dem sie zusammen mit Virginia und Leonard Woolf die Erstausgabe von T. S. Eliots Roman »Waste Land« druckte. In einem restaurierten Hopfenturm ist außerdem eine sehenswerte Ausstellung untergebracht, die zahlreiche Fotos, Briefe und Dokumente der Familie Nicholson-Sackville-West zeigt.

Bei Cranbrook, nördl. von Hastings an der A 229 • www.nationaltrust.org.uk • Mitte März–Okt. tgl. außer Mi und Do 11–18 Uhr • Eintritt 11,70 £ • Restaurant ab 10.30 Uhr geöffnet
50 km südwestl. von Canterbury

Brighton K 5

160 000 Einwohner
Stadtplan ▶ S. 95

Den besonderen Reiz der Stadt bilden nicht nur die im 19. Jh. errichteten repräsentativen Plätze und Arkaden im Regency-Stil sowie die prachtvollen Villen, sondern auch das pulsierende Leben in den Cafés und Bars und in den verwinkelten Gassen des einstigen Fischerviertels The Lanes. Ihren guten Ruf als Kur- und Seebad erlangte die Stadt bereits im 18. Jh. Und als der 21-jährige Prince of Wales, der spätere König George IV., 1783 in Brighton einen pompösen indischen Märchenpalast, den Royal Pavilion, in Auftrag gab und beschloss, sich hier niederzulassen, gab es kein Halten mehr: Die englische High Society zog nach und errichtete in der Stadt ihre Sommerresidenzen. Und wie so oft folgten dem Adel bald die Bürger, um hier in aristokratischem Ambiente Erholung zu finden. Heute, gut 200 Jahre später, ist Brighton ein international bekanntes Seebad von ungebrochener Beliebtheit.

SEHENSWERTES

Brighton Pier ▶ S. 95, b 3
Der 1899 gebaute Landungssteg lädt auf einer Länge von über 500 m zum Flanieren ein. Mit seiner verspielten Architektur aus gusseisernen Bögen und Rosetten gehört das Bauwerk zu den Glanzpunkten britischer Badeorte. Ein mit Zwiebeltürmchen überdachter Gebäudekomplex beherbergt Cafés und Boutiquen.
Madeira Drive, Zentrum • tgl. 10–21 Uhr • www.brightonpier.co.uk

Royal Pavilion ▶ S. 95, b 3
Der Glanz einer vergangenen Epoche lebt wieder auf im Royal Pavilion, dem exotischsten Gebäude der Britischen Inseln, das mit Minaretten, Zwiebeltürmen und Pagoden-

⭐ MERIAN Tipp

NIVEA SUN YELLOWAVE BEACHSPORTS ▶ S. 95, c 3
Allein unterwegs und Lust, Frisbee zu spielen oder sich im Beach Rugby zu versuchen? Am hellen Sandstrand von Brighton befindet sich Englands erstes Beachball Centre. ▶ S. 19

dächern aus dem Stadtbild herausragt. George IV. ließ sich zwischen 1815 und 1822 von seinem Lieblingsarchitekten John Nash seinen Marine Pavilion umbauen und erweitern. Der exzentrische König war ein Kenner feiner Möbel und Kunst: Beachten Sie etwa die im Salon be-

Einst glamouröser Laufsteg: Mit seiner verspielten gusseisernen Architektur erinnert der 1899 eröffnete Brighton Pier (▶ S. 95) an die Glanzzeiten des Badeorts.

findlichen, leichten chinesischen Bambusstühle im Kolonialstil.
Pavilion Parade • www.brighton museums.org.uk • April–Sept. tgl. 9.30–17.45, sonst tgl. 10–17.15 Uhr • Eintritt 11,50 £

Sealife 🏛️ ▶ S. 95, c 3
Zu den Attraktionen des größten Aquariums in Südengland zählen die Haie; andere Fische darf man sogar streicheln. Zudem beeindruckt ein Unterwasser-Tunnel.
Madeira Drive, Marine Parade • www. sealifeeurope.com • tgl. 10–18 Uhr • Eintritt 17,50 £, ab 2 Pers. 14,50 £ pro Pers.

MUSEEN
**Booth Museum of
Natural History** ▶ S. 95, b 2
Naturkundemuseum mit einer Ausstellung, die die Auswirkungen des Menschen auf die Umwelt zeigt.
194 Dyke Road • www.brighton museums.org.uk/booth • Mo–Sa außer Do 10–17, So 14–17 Uhr • Eintritt frei

**Brighton Museum &
Art Gallery** ▶ S. 95, b 2
Die Highlights des Museums sind das Sofa von Dalí in Form der Lippen von Mae West, Glas von Lalique und ägyptische Mumien.
Royal Pavilion Gardens • www. brightonmuseums.org.uk/brighton • Di–So 10–17 Uhr • Eintritt 5 £, Kinder 2,50 £

ÜBERNACHTEN
Myhotel ▶ S. 95, b 2
Design und Spiritualität • Modernstes Design, spirituelle Akzente und Hightech. Besonderer Übernachtungstipp: Die Carousel Suite mit Kristall-Himmelbett und 300 Jahre altem spanischen Karussellpferd.

17 Jubilee Street, North Laine • Tel. 0 12 73/90 03 00 • www.myhotels.com • 80 Zimmer • €€€

Pelirocco ▶ S. 95, b 3
Avantgarde • Das Dekor der Gästezimmer des extravaganten Regency-Hauses kreist um Pop und Subkultur.
10 Regency Sq. • Tel. 0 12 73/32 70 55 • www.hotelpelirocco.co.uk • 19 Zimmer • €€€

Cavalaire ▶ S. 95, b 3
Vergangener Charme • Das Hotel ist in einem modernisierten viktorianischen Stadthaus untergebracht.
34 Upper Rock Gardens • Tel. 0 12 73/69 68 99 • www.cavalaire.co.uk • 10 Zimmer • €€

Aquarium Guest House ▶ S. 95, c 3
Gut und günstig • Familiär geführte Pension mit geschmackvollen Zimmern und Gemeinschaftsbad.
13 Madeira Place • Tel. 0 12 73/60 57 61 • www.aquarium-guesthouse.co.uk • 8 Zimmer • €

ESSEN UND TRINKEN

Am besten bummelt man durch **The Lanes**, wo es viele Lokale und Cafés gibt. Als schick gilt auch der drei Querstraßen weiter nördlich beginnende Bezirk **North Laine**. Restaurants, die mit einem Blick auf den Yachthafen aufwarten, sind in der **Brighton Marina** (www.brightonmarina.co.uk) zu finden. »Street of the 100 Restaurants« wird die **Preston Street** mit vielen ethnischen Lokalen genannt.

English's Oyster Bar ▶ S. 95, b 3
Traditionelles Fischrestaurant • Eines der ältesten und bekanntesten Lokale in Brigthon. Die Oyster Bar ist die Adresse für Liebhaber von Fisch und Meeresfrüchten.
29–31 East Street, The Square (The Lanes) • Tel. 0 12 73/32 79 80 • www.englishs.co.uk • Mo–Sa 12–22.15, So 12.30–21.30 Uhr • €€€

Café Rouge ▶ S. 95, b 2
Französischer Touch • Gute Küche, Frühstück und spezielle Kindermenüs. Es herrscht eine angenehm lockere Atmosphäre.
24 Prince Albert Street (The Lanes) • Tel. 0 12 73/77 44 22 • www.caferouge.com • tgl. 10–23 Uhr • €€

Food For Friends ▶ S. 95, b 2
Köstliche Gemüsespezialitäten • Vegetarische Küche und Kuchen.
17/18 Prince Albert Street (The Lanes) • Tel. 0 12 73/20 23 10 • www.foodforfriends.com • tgl. 12–22 Uhr • €€

⭐ MERIAN Tipp

VBITES ▶ S. 95, b 3
Die in Brighton lebende Heather Mills, Ex-Frau von Paul McCartney und Öko-Aktivistin, lässt im modernen Setting mit offener Show-Küche Currys und Burger servieren. ▶ S. 19

Regency ▶ S. 95, b 3
Typisch English • Meeresgerichte in einem der ältesten Lokale der Stadt.
131 King's Road • Tel. 0 12 73/32 50 14 • www.theregencyrestaurant.co.uk • tgl. 11–23 Uhr • €€

EINKAUFEN

»Alternative« Läden findet man im Bezirk North Laine, Designerboutiquen und Luxusketten in den Lanes.

AM ABEND
Brighton Dome ▶ S. 95, b 3
In historischer Umgebung auf dem Gelände des Royal Pavilion finden klassische Konzerte, Varietés und Popkonzerte statt.
Church Street • Tel. 0 12 73/70 97 09 • www.brightondome.org

Concorde 2 ▶ S. 95, c 3
Beliebte Diskothek und Musikclub; das musikalische Repertoire reicht von Samba bis Hip-Hop.
Madeira Drive • Infos zu Events und Tickets Tel. 0 12 73/67 33 11 • www.concorde2.co.uk

SERVICE
AUSKUNFT
Tourist Information Centre
▶ S. 95, b 3
4/5 Pavilion Buildings • Tel. 0 12 73/29 03 37 • www.visitbrighton.com

Ziele in der Umgebung
◎ Alfriston L 5
800 Einwohner
Auf dem Weg nach Eastbourne liegt das schöne Dorf Alfriston, eingebettet zwischen sanfte Hügel am Fluss Cuckmere. Fachwerkhäuser reihen sich aneinander, und teilweise lässt sich auch ein Blick hinter deren Kulisse werfen: wenn nämlich eines der ehrwürdigen Gebäude heute einen Pub beherbergt, wie das Star Inn aus dem 15. Jh. Die Gemeindekirche aus dem 14. Jh. ist im Perpendicular-Stil errichtet. Der Fachwerkbau aus dem Jahre 1350, dessen Kalksteinfußboden im Original erhalten ist, lohnt eine Besichtigung. Das danebenliegende ehemalige Wohnhaus eines Geistlichen, Clergy House, ist ebenfalls einen Besuch wert. Es war 1896 der erste Besitz des National Trust. Clergy House: www.nationaltrust.org.uk • März–Okt. Sa–Mi 10.30–17, Nov.–Mitte Dez. Sa–Mi 11–16 Uhr • Eintritt 5,50 £
30 km östl. von Brighton

◎ Arundel Castle J 5
Ein Städtchen wie aus dem Bilderbuch: Antiquitätenläden und Cafés säumen die kleinen Straßen, die liebevoll restaurierten Häuser sind mit Efeu und Kletterrosen bewachsen. Festlich geschmückt erwartet Arundel zahlreiche Besucher aus dem In- und Ausland alljährlich (Ende August) zum Kulturfestival, das auf dem Gelände von Arundel Castle stattfindet (▶ S. 118). Burgtürme und Zinnen bilden dann einen schönen Rahmen für Shakespeare-Aufführungen und Jazz-Frühschoppen.
An der A 27 • www.arundelcastle.org • April–Okt. Di–So 11–17 Uhr, Aug. auch Mo • Eintritt 16 £
40 km westl. von Brighton

◎ Charleston Farmhouse K 5
Abseits der A 27 Richtung Eastbourne stößt man bei Firle auf das kleine Charleston Farmhouse, ab 1916 Wohnsitz von Vanessa Bell, der Schwester von Virginia Woolf, und dem Maler Duncan Grant. Sie bemalten und dekorierten die Räume im Stil der Bloomsbury Group. Das entzückende Bauernhaus avancierte zum Treffpunkt der bedeutendsten Persönlichkeiten der 1920er-Jahre, nachzulesen in den Memoiren von Virginia Woolf. Der »walled Garden« ist eine Inspiration für Gartenfreunde, und im Museumsladen ersteht man künstlerisch hochwertige Souvenirs. Das Haus wird vom Charleston Trust unterhalten, der

dort eine Kunsthandwerkskooperative im Bloomsbury-Stil betreibt.
Tel. 0 13 23/81 12 65 • www.charleston.org.uk • März–Okt. Mi–So 13–18 Uhr • Eintritt 11 £
20 km östl. von Brighton

◎ Eastbourne   L 5
90 000 Einwohner
Für viele Engländer zählt die Stadt zu den bevorzugten Badeorten: Geschätzt werden die windgeschützte Lage und die (Kiesel-)Strände, die für ihre Sauberkeit wiederholt mit der »Blauen Flagge« ausgezeichnet wurden. Das Heritage Museum mit Schwerpunkt auf der viktorianischen Epoche liegt in der Carlisle Road in einem pittoresken Haus (April–Okt. Mo, Di, Do 14–17, Fr 10–13, Sa 10–16, Nov.–März Sa 10–16 Uhr, www.eastbourneheritage centre.co.uk, Eintritt 3 £). Die Stadt ist außerdem ein idealer Ausgangspunkt für Küstenwanderungen.
www.visiteastbourne.com
40 km östl. von Brighton

📷 FotoTipp

SEVEN SISTERS
Fährt man westlich von Eastbourne in Serpentinen hinauf zum Beachy Head, blickt man von dort auf die Seven Sisters, sieben unterschiedlich hohe, abgerundete weiße Kalksteinfelsen an der Küste des Ärmelkanals. ▶ S. 99

ÜBERNACHTEN
The Grand Hotel
Prachtvolle Eleganz • Das viktorianische Anwesen (1875), auch »The White Palace« genannt, befindet sich an der Seafront.
King Edwards Parade • Tel. 0 13 23/41 23 45 • www.grandeastbourne.com • 152 Zimmer • €€€€

◎ Glyndebourne   K 5
Glyndebourne, ursprünglich ein Herrenhaus aus dem 19. Jh., ist für seine Opernfestspiele (▶ S. 118) bekannt, ein großes Ereignis der englischen Gesellschaft. Das Glyndebourne Opera House wurde dem Herrenhaus 1934 angefügt und 1994 erweitert; es liegt inmitten schöner gepflegter Gärten.
www.glyndebourne.com
15 km östl. von Brighton

◎ Scheffield Park & Garden   K 4
Einer der großen südenglischen Landschaftsparks, berühmt für seine vier Seen, seltenen Bäume und Blumen um das neugotische Manor House, lockt am Wochenende viele Einheimische zum Picknick.
Tel. 0 18 25/79 02 31 • www.national trust.org. uk Feb.-Okt. tgl. 10–17, Nov., Dez. bis 16 Uhr • Eintritt 9,90 £

◎ Wilmington   L 5
500 Einwohner
Der »Lange Mann (The Long Man) von Wilmington« – das sind die Umrisse einer in den Kalkstein gehauenen 70 m großen Figur, die mit angewinkelten Armen rechts und links riesige Stäbe hält. Niemand weiß mit Sicherheit um den Ursprung und die Bedeutung der Figur. Aufgrund von Funden in der unmittelbaren Umgebung wird vermutet, dass der »Lange Mann« aus der Steinzeit stammt. Wilmington selbst ist ein sehenswertes Dorf mit pittoresken Häuschen.
30 km östl. von Brighton, an der A 27 Richtung Eastbourne

An der Westspitze der Isle of White (▶ S. 106) ragen drei Felsen aus dem Meer: The Needles, die Wahrzeichen der Insel.

Touren und Ausflüge

Kleine Hafenorte und einsame Buchten machen den Reiz der Küste aus, im Landesinneren locken ursprüngliche Wälder, sanfte Hügel mit grasenden Schafen und verträumte Dörfer.

Von Plymouth nach Tintagel – In kleine Hafenstädte und malerische Buchten

Charakteristik: Die mehrtägige Cornwall-Tour führt durch kleine Hafenstädte und malerische Buchten **Dauer:** 3–5 Tage **Einkehrtipps:** The Falmouth Hotel, Castle Beach, Falmouth, Tel. 0 13 26/31 26 71, www.falmouthhotel.com €€€ • Hotel Penzance, Britons Hill, Penzance, Tel. 0 17 36/36 31 17, www.hotel penzance.com €€€ • Polpeor Cafe, Lizard Point, The Lizard, Helston, Tel. 0 13 26/29 09 39 €

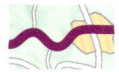 **Auskunft:** Tourist Information Centre (TIC) Plymouth (▶ S. 67) und St Ives (▶ S. 57)

D 6–C 5

Von Plymouth aus folgt man der A 374 und der A 387, an deren Ende das Hafenstädtchen **Polperro** liegt, dessen weiße Häuser sich terrassenförmig an den Seiten der schmalen Bucht hinaufziehen. Im Hafen liegen Fischkutter vor Anker, und für Besucher werden Angeltörns angeboten.

Polperro ▶ St Austell

Von Polperro aus führen mehrere enge Straßen, von hohen Hecken gesäumt, hinüber nach **Fowey,** dessen schmale Gassen aus dem Mittelalter zu stammen scheinen. Die Hauptstraße zieht sich am Abhang des Fjordes entlang. Neben Fischkuttern und Yachten sind im Hafen auch größere Lastschiffe zu bestaunen.
Über die A 390 gelangt man nach **St Austell,** in die Hauptstadt der kornischen Kaolin-(Porzellanerde-) Industrie, deren gewaltige Halden so gar nicht in die Landschaft passen.

St Austell ▶ Lizard

Fahren Sie weiter über die A 390 nach **Falmouth,** das sehr malerisch an einer weiten Bucht mit mehreren Flüssen liegt. Zahlreiche Palmen geben dem ehemaligen Schmugglerort ein besonderes Flair. Die Altstadt liegt im Norden des Ortes und zieht sich zum Hafen hinunter.

Von Falmouth lässt sich bei ausreichender Zeit ein Abstecher nach **Lizard** unternehmen, einer Halbinsel mit schroffen Küsten, die heute noch Serpentin-Stein liefert.
Einen Abstecher lohnen zwei der schönsten Gärten Südenglands: Nur 6 km südwestlich von Falmouth liegt an der Landstraße nach Helford Passage **Glendurgan Garden** an der Mündung des River Helford. 1821 erwarb Alfred Fox ein 11 ha großes Grundstück, das aus sumpfigen Tälern bestand, die dank des milden Klimas eine nahezu subtropische Vegetation gedeihen lassen. Im Garten wachsen seltene Baumfarne, Magnolien und immergrüne Steineichen. Kaum einen halben Kilometer westlich von Glendurgan liegt **Trebah**, angelegt von Charles Fox, dem Bruder von Alfred Fox. Hier überragen meterhohe Fächerpalmen eine Wildnis aus bis zu 100 Jahre alten und über 10 m hohen Rhododendren, Kamelien und anderen aus Asien und dem Himalaya stammenden Pflanzen.

Lizard ▶ St Ives

Weiter geht es über die A 394 nach **Penzance**, einem beliebten Ferienort, wo Fähren zu den Scilly-Inseln übersetzen. Vorbei am **Minack The-**

Glendurgan Garden (▶ S. 102): In der Mitte der Gartenanlage wurde bereits in der ersten Hälfte des 19. Jh. ein Irrgarten angelegt – sehr zum Vergnügen der Besucher.

atre bei Porthcurno erreicht man den westlichsten Punkt der Reise und auch Englands, nämlich **Land's End**. Ein Publikumsmagnet noch immer – obwohl auf der Landspitze ein großer Vergnügungspark etabliert wurde. Die nördliche Küstenstraße verläuft von dort an durch ein Gebiet mit besonders vielen prähistorischen Monumenten über **St Ives**, eine viel besuchte Künstlerortschaft, nach **Redruth**. Man sollte in St Ives ein bis zwei Tage Aufenthalt einplanen, denn der alte Fischerhafen bietet viel Flair und Kultur zugleich.

St Ives ▶ Tintagel

Liebhaber weiter Strände machen einen Abstecher nach **Perranporth**, bevor die Reise über **Newquay**, einen sehr beliebten Urlaubsort mit einigen der schönsten Strände Südenglands, und **Wadebridge** nach **Tintagel** führt. Der kleine Ort wurde durch eine Burg, die als Geburtsort König Artus' gilt, zum touristischen Rummelplatz. **Tintagel Castle** 👣 (Sommer tgl. 10–18, Winter 10–16 Uhr, Eintritt 6,30 £, Kinder 3,80 £) ist im Sommer auch für Kinder ein kurzweiliges Ausflugsziel. An den Wochenenden finden sich hier Geschichtenerzähler und Schauspieler ein, die den Nachwuchs amüsant und lehrreich unterhalten. Einen Besuch lohnt auch das aus dem 14. Jh. stammende malerische Postamt.

INFORMATIONEN

Glendurgan Garden
Mawnan Smith, bei Falmouth • Tel. 0 13 26/25 20 20 • www.nationaltrust.org.uk • Feb.–Okt. Di–So 10.30–17.30 Uhr • Eintritt 7,20 £

Trebah Garden
Mawnan Smith, Falmouth • www.trebahgarden.co.uk • tgl. 10–17.30 Uhr • Eintritt 9 £, Kinder 3 £

Auf dem South Downs Way in Sussex – Abseits der Straßen über sanfte Hügel

Charakteristik: Zu Fuß oder mit dem Fahrrad geht es über leichte Hügel und durch dichte Wälder **Dauer:** Mit dem Fahrrad drei Tage, zu Fuß eine Woche; nicht geeignet für Fahrräder mit viel Gepäck **Einkehrtipps:** The Grand Hotel (▶ S. 99), King Edwards Parade, Eastbourne, Tel. 0 13 23/41 23 45, www.grandeastbourne.com €€€€ • Belle Tout Lighthouse B&B, Beachy Head, Tel. 0 13 23/42 31 85, www.belletout.co.uk €€€ • Deans Place Hotel, Alfriston, Tel. 0 13 23/87 02 48, www.deansplacehotel.co.uk €€€ **Auskunft:** Tourist Information Centre (TIC) Brighton (▶ S. 98)

 L 5–J 4

Statt auf dem Jakobsweg pilgert man in Südengland auf dem über 1000 km langen South West Coast Path, einem einzigartigen Küstenwanderweg. Der Pfad, der sich hoch über dem Meer durch die Grafschaften schlängelt, passiert kleine Ortschaften, führt an einsamen Buchten entlang, durch liebliche Wälder und über schwindelerregende Klippen. Üblich ist es, sich kleinere Etappen vorzunehmen. Besonders schön ist ein Teilstück, das in Sussex verläuft: Der rund 130 km lange Fernwanderweg führt durch die sanften Hügelketten der landeinwärts gelegenen South Downs. Ausgangspunkt ist der Badeort **Eastbourne,** für dessen Erkundung man zusätzlich einen halben Tag einplanen sollte.

Eastbourne ▶ Seven Sisters

Am besten bricht man bei guter Sicht und schönem Wetter auf. Nur dann kann man die atemraubenden Ausblicke auf die zerklüftete Küstenlandschaft und das glitzernde Meer so richtig genießen. Der Weg führt westlich der Stadt zunächst in Serpentinen hinauf nach **Beachy Head**, mit 170 m die höchste Kreideklippe Englands. Von hier oben hat man einen fantastischen Blick auf den Küstenverlauf und über den Ärmelkanal. An einem alten Leuchtturm vorbei, direkt am Steilufer gelegen, gelangt man zu den **Seven Sisters**, sieben hohen und abgerundeten Kalksteinfelsen.

Seven Sisters ▶ Rodmell

Landeinwärts wendet sich der Weg nach **Alfriston**, dann weiter nach Firle Beacon ins liebliche **Ouse Valley.** Während Beachy Head der richtige Ort für ein Picknick ist, lohnt sich in Alfriston die Einkehr in einem der hübschen Cafés und Pubs, die vielfach in altertümlich anmutenden Fachwerkhäuschen untergebracht sind. Das über 700 Jahre alte Städtchen ist das kulturelle Zentrum der South Downs und besitzt enge, mit Blumen geschmückte Straßen. Inspirierend ist ein Besuch im Charleston Farmhouse bei Firle, das 1916 von den Malern Duncan Grant und Vanessa Bell gekauft wurde. Die beiden Freigeister schufen in diesem Landhaus ein fantasiereiches und farbenfrohes Interieur im Einklang mit den geistigen Idealen des von ihnen mitbegründeten Bloomsbury-Kreises. Auch der kleine Garten entspricht dem Ideal eines englischen »country garden«.

Im nahe gelegenen **Rodmell** lohnt ein Besuch des **Monk's House**, das ab 1919 Wohnsitz von Virginia und Leonard Woolf war. Die Schriftstellerin lebte hier bis 1941, als sie den Freitod wählte und sich im Fluss Ouse das Leben nahm. Die Asche Virginia Woolfs wurde im Garten des Hauses beigesetzt. Monk's House wird von Mietern bewohnt und unterhalten und kann daher nur im Sommer von Mittwoch bis Samstag nachmittags besichtigt werden.

Rodmell ▸ Chanctonbury Ring

Weiter geht es an Lewes vorbei über Plumpton hoch nach **Ditchling Beacon**, mit ca. 250 m Höhe der höchste Punkt der westlichen South Downs. Bei klarer Sicht kann man von hier aus einen wunderbaren Fernblick genießen. Hier oben soll einst eine keltische Befestigungsanlage gestanden haben. Über **Devil's Dyke**, eine gewaltige Schlucht, die der Teufel in einer Nacht gegraben haben soll, um die Kirchen im Tal zu überfluten, geht es hinunter ins **Adur Valley.** Der vom Ende des 19. Jh. stammende Pub im Devil's Dyke Hotel (in Poynings, Dyke Road) ist besonders an Sommerwochenenden beliebter Treff für Besucher aus Brighton, die hier ein Harvey's Best Bitter und die gute Aussicht genießen wollen. Über eine sanfte Höhe erstreckt sich **Chanctonbury Ring**, ein altes Ringfort.

Chanctonbury Ring ▸ Buriton

Der Weg führt weiter nach **Houghton,** über die Arun Bridge nach **Bignor** mit den Überresten einer ausgedehnten römischen Siedlung (Roman Villa), die vom 1. bis zum 4. Jh. bewohnt war. Sie liegt im Dorf neben der Stane Street, der alten römischen Trasse von London nach Chichester. Einige der antiken Mosaiken, die noch recht gut erhalten waren, wurden erfolgreich restauriert werden.

Die Wanderung geht weiter über bewaldete, sanft geschwungene Hügel, südlich vorbei an Cocking und West Harting, bis man am Endpunkt der Tour, dem in der Grafschaft Hampshire gelegenen hübschen Dörfchen **Buriton**, angelangt ist.

Imposanter Anblick: die Kreidefelsen Seven Sisters (▸ S. 104).

INFORMATIONEN

Bignor Roman Villa
Bignor • www.bignorromanvilla.co.uk • März–Okt. tgl. 10–17 Uhr • Eintritt 6 £

Monk's House
Rodmell • www.nationaltrust.co.uk • April–Okt. Mi–So 13–17 Uhr • Eintritt 3,25 £

Auf der Isle of Wight – Spazierwege mit traumhaftem Meerblick

Charakteristik: Auf mehreren Inselspaziergängen in Meeresnähe lässt sich das englische Naturparadies par excellence erkunden **Dauer:** 2–5 Std. **Einkehrtipps:** Salty's Bar & Restaurant, Quay Street, Yarmouth, Tel. 0 19 83/76 15 50, www.saltysrestaurant.co.uk €€€ • Ocean Hotel, Sandown, Tel. 0 19 83/40 23 51, www.ocean-hotel.co.uk €€ **Auskunft:** Tourist Information Centre (TIC) in Yarmouth, Fishbourne, Newport **Anfahrt mit der Fähre:** von Lymington nach Yarmouth, von Southampton nach Cowes, von Portsmouth nach Fishbourne und Ryde

Karte ▸ S. 107, a 2–3 und c 3–2

Die größte Insel im Ärmelkanal, beliebt bei Literaten und Royals, aber auch bei Urlaubern, ist die Isle of Wight. Jahrhundertealte Dörfer mit reetgedeckten Cottages, prachtvolle Hafenstädte, eine dramatische Küstenszenerie sowie zahlreiche sehenswerte Forts erwarten hier den Besucher. Der Golfstrom sorgt für mildes Klima – auch regnet es weniger als auf dem Festland. 77 Meilen kommen zusammen, wenn man einmal um die Insel herumwandert, bei einer einwöchigen Tour also rund 18 km pro Tag. Im Touristenbüro des Ankunftshafens (Yarmouth, Fishbourne, Cowes oder Ryde) oder der Hauptstadt **Newport** besorgt man sich zunächst die Broschüre »The Isle of Wight Coast Path«, mit deren Hilfe man den Weg dann nicht mehr verfehlen kann. Sehr empfehlenswert sind zwei kürzere Etappenvorschläge, von denen einer an der Westküste des Eilandes und einer an der Ostküste entlangführt.

Yarmouth ▸ Alum Bay

An der Westküste führt ein Weg zunächst vom Hafenstädtchen Yarmouth, dessen **Hurst Castle** aus dem Jahre 1547 stammt, in südlicher Richtung nach **Freshwater**, an Brombeerbüschen und Liguster entlang. Das alte Dorf hat eine eindrucksvolle Pfarrkirche, doch romantischer ist die kleine reetgedeckte Gemeindekirche südlich der Ortschaft, wo ein Schild den Weg nach **Tennyson Down** und zur Westseite der Insel weist. Auf halbem Wege stößt man auf ein steinernes Kreuz, dem Dichter Alfred Tennyson gewidmet, der 1854 hierher kam und naturkundliche Studien betrieb. An der Westspitze von Wight ragen drei weiße Felsen aus dem Meer, **The Needles**, die Wahrzeichen der Insel. Nach diesem Wendepunkt gelangt man zur **Alum Bay**, einer Bucht mit Restaurants und Unterkünften.

Ventnor ▸ Bembridge

Die Ostseite der Insel lässt sich am besten von **Ventnor** aus erwandern, das von Newport aus auch mit dem Bus erreichbar ist. Die Stadt mit dem mildesten Klima der Insel unterhält ein Heritage-Museum (April–Okt. Mo-Sa 10–16.30, Winter Sa 10–12.30 Uhr, Eintritt 1,50 £), das einen guten Einblick in die abenteuerliche Vergangenheit der Insel erlaubt. Das auf einem Hügel gelegene Ventnor besitzt schmale und steil ansteigende Straßen, stimmungsvolle Pubs, wie das am Meer gelegene Spyglass Inn, und eine Reihe von kleinen Hotels und Pensionen.

1 km nördlich von Ventnor besucht man das kleine, ebenfalls am Meer gelegene Bonchurch mit stimmungsvollen Tea Shops, reetgedeckten Cottages und einem romantischen Dorfteich. Inselweit bekannt sind die beiden Kirchen, von denen die kleine Old Church bereits aus dem Jahr 1070 stammt.

Der Weg führt weiter zu den Seebädern **Shanklin** und **Sandown** durch einen Wald, dessen Baumriesen mit Efeu überwuchert sind. Shanklin verfügt mit dem **Old Village** über einen intakten Stadtteil reetgedeckter Cottages. Sandown wartet mit schönem Strand und Zoo auf. Dieser ist in einem viktorianischen Fort untergebracht, das 1632 als Nachfolger einer 1537 unter Heinrich VIII. errichteten Festung erbaut wurde. Töpferwaren, Marmelade, Lavendelhonig und Patchwork-Decken verkaufen die Händler auf dem Montagsmarkt, der von April bis September an der Culver Parade stattfindet.

Über den Aussichtspunkt **Culver Cliff** gelangt man an die Ostspitze der Insel. Dort beschützen vier ins Meer gebaute Festungen aus dem 19. Jh. **Bembridge**, einen Hafen mit alter Schifffahrtstradition, die sich im lokalen Museum für Schifffahrtsgeschichte widerspiegelt. Erhalten ist eine Windmühle aus dem Jahre 1705 mit intakter Mechanik. Der Strand östlich der Stadt ist ein beliebtes Ausflugsziel. Bei Ebbe können Sie einen Spaziergang auf den Sandbänken machen und nach Krebsen, Muscheln und Strandgut suchen.

Unterwegs zwischen Cornwall und Kent – Im Pullman durch Englands Süden

Charakteristik: Die Fahrt im Luxus-Zug Pullman führt zu einigen Highlights Südenglands **Dauer:** 1–3 Tage **Unterkunft:** Royal Duchy Hotel, Cliff Road, Falmouth, Tel. 0 13 26/31 30 42, www.royalduchy.co.uk €€€€ **Abreise:** London Victoria Station. Anreise nach London und dortige Übernachtung muss selbst organisiert werden **Preis:** Historic Canterbury 300 £, Murder Mystery Lunch 380 £, Bristol & Brunel's SS Great Britain 590 £, Cornish Weekend 1225 £, jeweils alles inklusive **Auskunft:** Belmond British Pullman, Orient Express, Shackleton House, 4 Battle Bridge Lane, London SE1 2HP, Tel. 0 20/31 17 13 00, in Deutschland: 02 21/ 3 38 03 00, www.belmond.com

A–M 4–6

Schon der berühmten Kriminalautorin Agatha Christie diente der legendäre Luxuszug als Kulisse für einen ihrer bekannten Kriminalromane (»Mord im Orientexpress«). Der Orientexpress (British Pullman) bietet in Südengland eine ganze Reihe seiner luxuriösen Reisen an. Die Gäste sind unterwegs in Pullman-Wagen der 1920er- und 1930er-Jahre. Da es sich um Tagesreisen handelt bzw. bei mehrtägigen Touren im Hotel übernachtet wird, hat jeder Zug einen Restaurantwagen. Roter Plüschteppich, Ohrensessel und Tische mit Damastdecken, Kristallgläser, Tafelsilber und edles Porzellan bilden den Rahmen für perfekte kulinarische Erlebnisse. Die Tagesexkursionen starten gewöhnlich mit einem ausgiebigen Brunch, während auf der Rückreise ein mehrgängiges (Champagner-)Menü serviert wird. Interessant ist die Geschichte der Wagen: Die nach ihrem US-amerikanischen Erbauer George Mortimer Pullman benannten und erstmals 1864 gefertigten Waggons waren bereits damals in ihrer Herstellung viermal so teuer wie die üblichen. Nachdem der letzte Orientexpress 1977 verkehrte, erwarb der US-Geschäftsmann James B. Sherwood einige der historischen Wagen und konzipierte erfolgreich neue Luxusreisen. In Südengland ist der vornehme Zug von London aus unterwegs. Gewählt werden kann aus einem sehr reichhaltigen Programm.

Murder Mystery Lunch

Mehrermals pro Jahr wird der **Murder Mystery Lunch** (11–16 Uhr) mit unterschiedlichen Zielen angeboten: Man schreibt das Jahr 1933, und die Passagiere werden Zeugen einer kriminellen Intrige, dargeboten von professionellen Schauspielern. Die Reiseteilnehmer analysieren die verdächtigen Gestalten und bewerten die Anhaltspunkte, die diese teilweise auf ihrem Tisch hinterlassen. Für den besten »Detektiv« der Reisegruppe gibt es einen Preis.

Tagestouren mit dem Pullman

Der Ausflug ins **Historic Canterbury** (11–18 Uhr) beginnt auf der Hinfahrt mit einem Brunch. Nach der Ankunft in Canterbury folgt ein geführter Rundgang durch die Altstadt mit Besuch der Kathedrale. Die anschließende Bustour führt nach Folkstone, und auf der Rückfahrt nach London lockt der Afternoon Tea mit einem Glas Sekt.

Bei der Tagestour **Bristol & Brunel's SS Great Britain** (9–21.30 Uhr) wird der Zug von einer Dampflok gezogen. Nach dem Brunch auf der Hinfahrt folgt eine Bustour zur SS Great Britain, dem ersten (Dampf-)Schiff aus Eisen mit Propellerantrieb aus dem Jahr 1843. Auf der Rückfahrt wird ein Vier-Gänge-Menü und Champagner serviert.

Nach Cornwall

Höhepunkt des Programms in Südengland ist eine dreitägige Tour nach Cornwall, das **Cornish Weekend**. Nach einem Drei-Gänge-Lunch geht es durch bezaubernde cornische Landschaften, über enge, von Bäumen überwachsene Landstraßen ins Royal Duchy Hotel am Hafen von Falmouth. Dort heißt es für zwei Tage »dinner, bed & breakfast«.

Der nächste Tag ist der Besichtigung gewidmet. Erst steht das **Eden Project** bei St Austell auf dem Programm. Ein weiterer Höhepunkt der Tour nicht nur für Gartenliebhaber ist die Weiterfahrt mit dem Bus durch eine Landschaft von atemberaubender Schönheit. Sie führt zu einem ganz anderen Naturprojekt, nämlich den **Lost Gardens of Heligan**, einer Park- und Gartenrestauration von außerordentlichem landschaftlichen Reiz.

Den dritten und letzten Tag verbringt man wiederum im Zug. Bei einem Vier-Gänge-Menü, zu dem Champagner und Wein gereicht werden, kann man die herrliche Landschaft vor dem Fenster vorbeiziehen sehen, während der Zug gemächlich nach London zurückkehrt.

Englische Landschaft genießen und stilvoll tafeln: Das Zugrestaurant des British Pullman sorgt mit Tafelsilber und Kristallgläsern für einen edlen Rahmen.

Stonehenge (▶ MERIAN TopTen, S. 85): Die eindrucksvollen Monolithen aus Blaubasalt stammen aus der Jungsteinzeit. Über ihre Funktion wird in Fachkreisen immer noch gerätselt.

Wissenswertes über
Cornwall und Südengland

Nützliche Informationen für einen gelungenen Aufenthalt: Fakten über Land, Leute und Geschichte sowie Reisepraktisches von A bis Z.

Auf einen Blick

Mehr erfahren über Südengland – Informationen über Land und Leute, von Bevölkerung über Lage und Geografie bis Politik, Sprache und Wirtschaft.

Amtssprache: Englisch
Einwohner: Vereinigtes Königreich (UK): 64 Mio.; England: 54 Mio.; Südengland ca. 16 Mio; Conrwall 520 000
Fläche: Vereinigtes Königreich (UK): 244 800 km²; England: 130 400 km²; Südengland: ca. 35 000 km²
Größte Stadt: Bristol, 437 000 Einwohner
Internet: www.visitsoutheastengland.com, www.visitsouthwestengland.com
Religion: 72 % Christen (davon 44 % Anglikaner, 19 % andere Protestanten, 9 % Katholiken), 22 % Religionslose, 3 % Muslime
Währung: Pound Sterling/ Englisches Pfund (£)

Bevölkerung

Mehr als andere Regionen verkörpert Südengland für die hier siedelnde Bevölkerung eine heile Welt. Im Südosten – in den Grafschaften Kent, Sussex und Surrey – liegen die Einkommen 25 % über dem Landesdurchschnitt. Ethnische Minderheiten, die vorwiegend aus Indien, Pakistan und Bangladesh stammen, leben in Südengland vor allem in den großen Städten Bristol, Southampton, Portsmouth und Plymouth.

Lage und Geografie

Großbritannien ist eine Insel, durch den Ärmelkanal von Mitteleuropa getrennt und durch den 35 km langen

◀ Der Pub hat in England immer noch seinen festen Platz im sozialen Leben.

Eurotunnel mit Frankreich verbunden. England umfasst rund die Hälfte der Insel. Bestimmende Merkmale von Südengland sind die Kreidefelsen von Kent und Dorset, die Hügellandschaften von Südostengland, die Mittelgebirge von Cornwall und Devon und die Granitklippen von Cornwall. Vor der Mitte der Südküste liegt die Insel Isle of Wight.

Politik

Die Labour Party von Gordon Brown wurde 2010 von den Konservativen mit Premierminister David Cameron abgelöst, der 2015 mit den Konservativen die absolute Mehrheit errang. Er will 2016 oder 2017 ein Referendum über den Verbleib des Landes in der EU durchführen. Hochburg der Konservativen ist Englands Südosten. Überaus aktiv sind in Südengland Bürgerinitiativen und Umweltschutzgruppen. Mehr noch als in anderen Landesteilen steht der Schutz der über Jahrhunderte gewachsenen Natur- und Kulturlandschaft auf der Agenda lokaler Gruppen. Das im Allgemeinen hohe Umweltbewusstsein der Bevölkerung in Südengland lässt sich u.a. auch darauf zurückführen, dass ein gewisser Anteil von Bevölkerungsgruppen aus dem industrialisierten Norden in den Süden zog, um naturverbundener und »grüner« zu leben.

Sprache

Landessprache ist Englisch, eine indogermanische und Weltsprache, die von rund 340 Mio. Menschen, auch in den ehemaligen Kolonien, als Muttersprache gesprochen wird. Es gibt zahlreiche (inoffizielle) regionale Dialekte, die sich in nördliche, westliche und südöstliche Varianten einteilen lassen und von der Mehrheit der Bevölkerung benutzt werden. Die englische Hochsprache (»received pronunciation«), auch Oxford English genannt, wird von zehn Prozent der Bevölkerung im Südosten des Landes gesprochen. Im Südwesten, vor allem in der Grafschaft Cornwall, war in früheren Jahrhunderten das Kornische verbreitet, das derzeit ein Revival erlebt.

Wirtschaft

England besitzt nur wenige Bodenschätze, darunter Steinkohle, Erdöl und Eisenerz. Bis zum Ende des 19. Jh. waren in den Zinn- und Kupferminen in Cornwall mehr als 50000 Menschen beschäftigt. Nachdem die Bodenschätze erschöpft oder der Abbau unrentabel geworden waren, kehrte man zu den traditionellen Wirtschaftsbereichen, nämlich Fischerei und Landwirtschaft, zurück. In Südengland haben Finanzdienstleistungen und der Tourismus große Bedeutung. Elektroindustrie sowie Luft- und Raumfahrttechnik stellen heute im Südosten bedeutende Industrien dar. Die Landwirtschaft (Rindfleischexport) trägt zwar nur wenig zum Bruttoinlandsprodukt bei, jedoch stellen die Bearbeitung von Molkereiprodukten (z.B. die Herstellung von Cheddar-Käse) und von Äpfeln (Cider) sowie von Hopfen und Gerste für Brauereien einen bedeutenden Wirtschaftsbereich dar. Die Arbeitslosenquote variiert in den einzelnen Grafschaften Südenglands erheblich, liegt jedoch im Allgemeinen unter dem Landesdurchschnitt.

Geschichte

4000 v. Chr.
Eine Einwanderungswelle aus dem Mittelmeerraum bringt Iberer nach England, die Landwirtschaft und Viehzucht betreiben.

2000 v. Chr.
Dolmen, steinerne Grabkammern, und Hügelgräber werden errichtet.

1700 v. Chr.
In der Bronzezeit kommen neue Einwanderer aus Westeuropa, die Steinkreise (z. B. Stonehenge) erbauen und Bronze bearbeiten.

600 v. Chr.
Kelten wandern nach Südengland ein, unterwerfen die Iberer und breiten sich später nach Wales, Irland und Schottland aus.

43 n. Chr.
Die Römer erobern unter Kaiser Claudius Südengland und machen es für rund 400 Jahre zur Provinz Britannia.

410
Die letzte römische Legion verlässt Britannien.

ab 450
Germanische Angeln und Sachsen dringen nach England vor. Aus ihnen entwickeln sich die Angelsachsen, die die Kelten nach Wales und Schottland verdrängen.

597
Der hl. Augustinus landet in Kent und beginnt in der Folgezeit mit der Christianisierung der Angelsachsen.

9. Jh.
Dänische Wikinger fallen Ende des 8. Jh. in Irland und England ein und plündern Siedlungen und Städte.

1066
In der Schlacht von Hastings wehren sich die Angelsachsen gegen eine Normanneninvasion, die der Normannenkönig Wilhelm I. (der Eroberer) gewinnt.

1170
Heinrich II. lässt Thomas Becket, den Erzbischof von Canterbury, in der Kathedrale ermorden.

1189
König Richard I. (Löwenherz) regiert England für zehn Jahre.

1215
Die Magna Carta, die erste Verfassung des Königreichs, beschränkt die Macht der Krone und stärkt die Rechte von Bürgern, Adel und Kirche.

1327–1485
Hundertjähriger Krieg: Auseinandersetzungen zwischen England und Frankreich, Wales und Schottland.

1485
Mit Heinrich VII. beginnt die Regentschaft der Tudors, England wird zur führenden Seemacht.

1509
Heinrich VIII. löst sich von der katholischen Kirche. Er vereinigt England mit Schottland und Wales.

1536–1539
Die Klöster werden aufgelöst. An Englands Südküste werden gewaltige Küstenforts zur Abwehr der Franzosen errichtet.

1558
Königin Elisabeth I. regiert 45 Jahre lang und vermehrt die Macht der Anglikanischen Kirche.

1603–1714
Herrschaft des schottischen Hauses Stuart. 1603–1625 regiert Jakob I. Ab 1653 erobert Oliver Cromwell Irland und Schottland.

1714–1837
Herrschaft des Hauses Hannover. 1714–1727 regiert Georg I. Industrielle Revolution.

1793–1815
Krieg gegen Frankreich und Sieg bei Waterloo.

1810–1820
Regentschaft Georgs III., ihm folgt bis 1830 Georg IV.

1837–1901
Königin Viktoria; England wird Weltmacht.

1919–1921
Anglo-irischer Krieg. Irlands Süden wird unabhängig, der Norden bleibt besetzt.

1939–1945
England nimmt am Zweiten Weltkrieg teil. Die südenglischen Städte werden schwer bombardiert.

ab 1947
Großbritannien gibt seine weltweiten Kolonien auf.

seit 1952
Königin Elisabeth II.

1968
Beginn der Unruhen in Nordirland, die zu Gewalt in England und auf dem europäischen Festland führen.

1973
Großbritannien tritt der EU bei.

1979–1990
Margaret Thatcher ist erster weiblicher Premierminister Großbritanniens.

2015
Premierminister David Cameron gewinnt mit den Konservativen die absolute Mehrheit und tritt seine zweite Amtszeit an.

Reisepraktisches von A–Z

ANREISE

MIT DEM AUTO UND DER FÄHRE
Fähren verkehren in den Südosten Englands von Vlissingen, Zeebrügge, Dünkirchen, Ostende, Calais, Boulogne und Dieppe nach Sheerness, Dover, Folkestone, Ramsgate und Newhaven. Will man westlicher landen oder reist man aus Österreich oder der Schweiz an, empfehlen sich die Fähren von Le Havre, Roscoff, Caen und Cherbourg nach Southampton, Poole, Weymouth, Plymouth und Portsmouth (Le Havre–Portsmouth 3,45 Std. mit Brittany Ferries (www.brittanyferries.de). Die meisten Fähren gehen ab Ostende und Calais, Sonderangebote gibt es für unterschiedliche Zeiten, Aufenthaltsdauer und Gruppen. Auf den kürzeren Strecken zahlt man für ein Auto inkl. 5 Pers. hin und zurück 100–250 €.
Fährtickets aller Reedereien buchbar unter www.directferries.com

MIT DEM EUROTUNNEL-SHUTTLE
Den 50 km langen Autotransport (35 Minuten Fahrzeit) mit dem Pendelzug von Calais nach Folkestone muss man nicht reservieren, das Ticket kauft man vom Auto aus. Die einfache Fahrt für ein Auto samt aller Insassen (auch im Reisebüro zu haben) kostet je nach Tageszeit und Saison zwischen 23 und 200 €. Der Zug fährt dreimal pro Stunde, und bereits eine Stunde nach der Abfahrt von der A 16 bei Calais ist man an der Auffahrt der M 20 bei Folkestone.
www.eurotunnel.com

MIT DER BAHN
Möchte man mit der Bahn nach Südengland reisen, sollte man vom Heimatort aus eine Verbindung nach Brüssel oder Paris wählen und dort in den Eurostar-Express umsteigen. Dieser fährt von Brüssel und Paris zehnmal täglich direkt durch den Eurotunnel nach London. Die Fahrzeit beträgt zwei bis drei Stunden. Die einfache Fahrt von Brüssel/Paris nach London kostet je nach Buchungsklasse und Tageszeit 69–200 €. Reisende nach Südengland können auch in Ashford (Kent) ein- und aussteigen.
www.eurostar.com

MIT DEM BUS
Von deutschen Großstädten (u.a. Berlin, Frankfurt, München, Hamburg, Dortmund) verkehren fast täglich Busse nach London, die Fahrt dauert 10 bis 15 Stunden. Hin- und Rückfahrt kosten ab München ca. 128–159 €, ab Frankfurt etwa 105–149 €. Eine einfache Fahrt kostet ab München (19 Std.) 29–100 €, ab Frankfurt (14 Std.) 29–92 €.
www.eurolines.de

MIT DEM FLUGZEUG
Von vielen deutschen Großstädten sowie Wien, Zürich und Genf besteht täglich Flugverkehr nach London-Heathrow und nach Gatwick in Sussex. Von Heathrow verkehrt die U-Bahn und der Heathrow Express (www.heathrowexpress.com) in die City, von Gatwick fahren Busse und Züge (www.gatwickexpress.com) nach London. Von London aus gibt es regelmäßige und bequeme Zugverbindungen in die wichtigsten Städte Südenglands.
British Midland Regional (bmregional.com) fliegt von Frankfurt und

München nonstop nach Bristol, Germanwings (www.germanwings.com) von Düsseldorf nach Newquay. Die Sondertarife der meisten Fluggesellschaften beginnen bei 99 € für den einfachen Flug. Die deutsche Fluggesellschaft German Wings (www.germanwings.com) fliegt von Stuttgart nach Stansted (nördlich von London), Lufthansa täglich von Frankfurt nach London.
Die billigsten Flüge bieten die Fluggesellschaften Ryanair (www.ryanair.de) nach Stansted.
Auf www.atmosfair.de und www.myclimate.org kann jeder Reisende durch eine Spende für Klimaschutzprojekte für die CO_2-Emission seines Fluges aufkommen.

AUSKUNFT
IN DEUTSCHLAND, ÖSTERREICH UND DER SCHWEIZ
Visit Britain
Das Büro der Britischen Zentrale für Fremdenverkehr in Berlin wurde geschlossen. Interessierte können Tickets und andere Produkte bei www.visitbritainshop.com bestellen. www.visitbritain.de, www.visitbritaindirect.com

BUCHTIPPS
Wunderschöne Britische Inseln: Sehenswürdigkeiten – Landschaften – Traditionen (Helmut Lingen Verlag, 2014) Der Bildband zeigt unter anderem die für die Kunstepochen der Britischen Inseln typischen Bauwerke und die grandiosen Landschaften Südenglands.
Barbara Baker, Jerry Harpur, Marcus Harpur: Englische Traumgärten – 100 inspirierende Gestaltungsbeispiele (Delius Klasing Verlag, 2. Auf. 2014) Eine absolute Fundgrube für Liebhaber englischer Gärten: Mit mehr als 500 Bildern wird gezeigt, wie man seinen Garten gestalten könnte.
Claus Beling/Heidi Ulmke: Bezauberndes Cornwall. Eine Reise zu den Schauplätzen der Rosamunde-Pilcher-Filme (Vgs, 2005) Nicht nur für Pilcher-Fans interessant ist dieses schön bebilderte Buch.
Ursula Buchan: Als die Gärtner Tweed trugen (Gerstenberg, 2009) Der britische Landadel öffnete seine Gärten: Ein Schatzkästchen von privaten unterhaltsamen Fotos aus der Mitte des vorigen Jahrhunderts, dazu Insider-Kommentare und kleine, nette Geschichten. Vorzüglich und unterhaltsam.
Stephen Lacey: Die Gärten des National Trust (Delius Klasing Verlag, 2005) Geradezu legendär ist das Erbe an historischen Gärten, Parkanlagen und Landschaftsparks, das der National Trust verwaltet. Dieser Bildband dokumentiert die ganze Vielfalt – ein absolutes Muss für jeden Gartenliebhaber.
Daphne du Maurier: Zauberhaftes Cornwall (Insel-Taschenbuch 2014) Nach ihrem Urlaub in Cornwall blieb die Schriftstellerin für immer – und schrieb über Cornwall.
Ros Byam Shaw: Cottage – echt englisch (Gerstenberg, 2010) Gezeigt werden einige Perlen südenglischer Cottages; dazu gibt es eine Reihe von Anregungen, wie man günstig den typischen Country-Look kreiert.

DIPLOMATISCHE VERTRETUNGEN
Deutsche Botschaft
1–6 Chesam Place, London SW1X 8PZ • Tel. 0 20/78 24 13 00 • www.london.diplo.de • Mo–Fr 9–12 Uhr

Österreichische Botschaft
18 Belgrave Mews West, London
SW1X 8HU • Tel. 0 20/73 44 32 50 •
www.bmeia.gv.at/botschaft/london.
html • Mo–Fr 9–13, 15–17 Uhr

Schweizer Botschaft
16–18 Montagu Place, London W1H
2BQ • Tel. 0 20/76 16 60 00 • www.
eda.admin.ch/london • Mo–Fr
9–12 Uhr

FEIERTAGE
1. Jan. New Year's Day (Neujahr)
Karfreitag
Ostermontag
Erster Montag im Mai Labour Day (Tag der Arbeit)
Letzter Montag im Mai Spring Bank Holiday
Letzter Montag im August Spring Bank Holiday
25. Dez. Christmas Day (1. Weihnachtstag)
26. Dez. Boxing Day (2. Weihnachtstag)

FESTE UND EVENTS
MAI
Brighton Festival
Englands größtes Kulturfestival umfasst 700 Veranstaltungen.
Drei Wochen im Mai • Tel. 0 12 73/
70 47 09 • www.brightonfestival.org

Bath International Music Festival
Jazz, Klassik, Pop, auch Jugendliche werden von dem Fest angezogen.
Zwei Wochen Ende Mai • www.bath
musicfest.org.uk

Fal River Festival
Das »not for profit«-Festival, das in Falmouth stattfindet, bietet an zehn Tagen an die 150 Veranstaltungen. Jazzbands spielen, es gibt geführte historische Wanderungen, Töpferkurse und Dichterlesungen.
Letzte Maiwoche • www.falriver.co.uk

MAI BIS AUGUST
Glyndebourne Festival Opera
Berühmtes Ereignis der englischen Gesellschaft in einem privaten Theater. Tradition haben die in den Pausen stattfindenden Picknicks.
Karten: Tel. 0 12 73/81 38 13 • www.
glyndebourne.com

MAI BIS SEPTEMBER
Minack Theatre Summer Festival, Porthcurno
Internationale Veranstaltung mit zahlreichen Opern- und Theaterensembles.
Karten: Tel. 0 17 36/81 01 81 • www.
minack.com

JUNI
Dickens Festival, Broadstairs
In dem kleinen Städtchen in Kent finden eine Woche lang Theateraufführungen, Lesungen, Spiele in historischen Trachten der Figuren aus Dickens' Werken statt.
Dritte Juniwoche • www.broadstairs
dickensfestival.co.uk

Glastonbury Festival
Kate Moss ist unter anderen Prominenten, die jährlich dabei sind, wenn auf 100 Bühnen performt wird. Zu den aufgetretenen Musikern gehörten die Rolling Stones, Amy Winehouse und Taylor Swift.
Fünf Tage Ende Juni • www.glaston
buryfestivals.co.uk

AUGUST
Arundel Festival
Kunst-Festival, das mit Shakespeare- und Opernaufführungen

sowie Tanzdarbietungen vor der eindrucksvollen Kulisse des Arundel Castle zahlreiche Besucher anzieht. Letzte Augustwoche • www.arundel festival.co.uk

OKTOBER
Canterbury Festival of the Arts
Größtes Kunst- und Kulturfestival der Region, das mit Tanzdarbietungen, Konzerten, Theateraufführungen und Ausstellungen ein kulturell interessiertes Publikum anspricht. www.canterburyfestival.co.uk

GELD

1 Pound	1,38 € /1,44 SFr
1 €	0,72 £
1 SFr	0,69 £

Die britische Währung, das Pfund Sterling (pound = £), ist in 100 Pence (p) unterteilt. Banknoten gibt es in 50, 20, 10 und 5 £, Münzen zu 1 £ sowie 50, 20, 10, 5, 2 und 1 p. Kreditkarten, v.a. Mastercard/Eurocard, American Express und Visa, sind weitverbreitet und werden in Läden, Restaurants und Hotels akzeptiert. Günstig besorgt man sich Bargeld aus Bankautomaten. In Bournemouth und Poole kann man auch mit Euro(scheinen) bezahlen, das Wechselgeld erhält man in Pfund und Pence (Kurs 1:1).

LINKS

www.visitsoutheastengland.com
Die offizielle Webseite von Southeast Tourism bietet alles Wissenswerte für Reisende nach Kent, Sussex und Surrey. Tipps für aktuelle Events und Infos für den Familienurlaub.
www.visitsouthwest.co.uk
Der Auftritt des Southwest Tourist Board erstreckt sich auf Devon und Cornwall sowie Bath, Bristol, The Cotswolds, Isles of Scilly, Somerset und Wiltshire.
www.southwestengland.co.uk
Informationen und Tipps für Reisen im Südwesten Englands, von den Cotswolds, Stonehenge und Bournemouth nach Westen bis Cornwall.

MASSE UND GEWICHTE

1 inch 2,54 cm
1 foot (12 inches) 30,48 cm
1 yard (3 feet) 91,44 cm
1 mile 1,609 km
1 acre 4047 m^2
1 pint 0,57 l
1 quart (2 pints) 1,14 l
1 gallon (4 quarts) 4,54 l
1 ounce 28,35 g
1 pound (16 ounces) 453,6 g

Die Temperatur wird oft in Grad Fahrenheit angegeben: 0 Grad C entspricht 32 Grad F.
Umrechnung: C = F−32 x 5/9

MEDIZINISCHE VERSORGUNG

KRANKENVERSICHERUNG
Die Vorlage einer Europäischen Krankenversicherungskarte (EHIC) ist ausreichend. Als zusätzlicher Versicherungsschutz empfiehlt sich der Abschluss einer Auslandskrankenversicherung, da diese Krankenrücktransporte mitversichert.

KRANKENHAUS
Krankenhäuser befinden sich in allen größeren Städten.

APOTHEKEN
Apotheken sind in der Regel Mo–Fr 9–18, Sa 9–13 Uhr geöffnet.

MUSEEN

Die Eintrittsgelder für Museen (außer staatlichen), Burgen, Schlösser, Herrenhäuser und sehenswerte

Parkanlagen schlagen jeweils mit 8 bis 20 £ zu Buche. Wer sich für historische Gebäude, Architektur und Gartenbaukunst interessiert, wird eine pauschale Eintrittskarte bevorzugen. Der »English Heritage Overseas Visitor Pass« erstreckt sich auf über 100 Einrichtungen von English Heritage und kostet für 9 Tage 30 £ (für 2 Personen 50 £) und für 16 Tage 35 £ (für 2 Personen 60 £). Mehr als 300 Einrichtungen des National Trust lassen sich mit dem »National Trust Touring Pass« besuchen; Kosten für 7 Tage 25 £ (2 Personen 45 £), für 14 Tage 30 £ (2 Personen 54 £). Die Tickets lassen sich bereits vor der Reise nach Cornwall und Südengland online unter www.visitbritainshop.com erwerben. In staatlichen Museen ist der Eintritt oft frei.

NATIONAL TRUST

Die Organisation (1895 gegründet) ist nicht nur eine der renommiertesten Umweltinitiativen Europas, sondern auch der größte Landbesitzer Großbritanniens. Der gemeinnützige Verein hat sich den Schutz historischer Objekte und landschaftlich reizvoller Gebiete zum Ziel gesetzt. Heute gehören dem Trust rund 1100 km Küstenlinie und 250 000 ha Land. Finanziert werden Ankauf und Unterhaltung der Besitztümer allein durch Spenden, Mitgliedsbeiträge und Eintrittsgelder. Für einen Jahresbetrag von 60 £ (2 Personen 99 £) hat man freien Zugang zu mehr als 500 Gärten und historischen Gebäuden.

National Trust
PO Box 574, Manvers, Rotherham S63 3FH • Tel. 08 44 8 00 18 95 • www.national trust.org.uk

NEBENKOSTEN

1 Tasse Kaffee	2,00–3,50 €
1 Bier	4,00–7,00 €
1 Cola	1,50–2,50 €
1 Fish 'n' chips	5,00–8,00 €
1 Schachtel Zigaretten	8,00 €
1 Liter Benzin	1,58 €
Mietwagen/Tag	ab 45,00 €

NOTRUF

Tel. 999
(Polizei, Feuerwehr, Rettungsdienst)

POST

Die Hauptpostämter sind gewöhnlich von 9–17.30 Uhr geöffnet, Sa 9–12.30 Uhr. In kleineren Dörfern erfüllen Geschäfte auch die Aufgaben eines Postamtes. Brief und Karte nach Europa kosten 85 p Porto. Die Briefkästen in England sind rot.

REISEDOKUMENTE

Deutsche, Österreicher und Schweizer können mit einem gültigen Reisepass oder Personalausweis (Identitätskarte) einreisen. Kinder unter 16 Jahren benötigen einen Kinderreisepass (bis 12 Jahre) oder einen Personalausweis. Schweizer müssen bei der Einreise mit der Identitätskarte die »Pink Card« (rosa Formular) ausfüllen.

REISEKNIGGE

Die besseren Hotels und Restaurants erwarten formelle Kleidung. Die »Krawattengrenze« liegt weit unter der heimischen, sodass Herren eventuell ein Jackett und einen Schlips im Reisegepäck haben sollten.

REISEWETTER

In Englands Süden herrscht wechselhaftes maritimes Klima. Der Sommer ist mäßig warm, teilweise kann es sogar kühl sein. Mit Wind und Regen, der im Westen häufiger fällt als im Osten, muss man stets rechnen. Doch sorgt der Golfstrom für milde Temperaturen. Ab Anfang Juni wird es warm, und es regnet weniger häufig.

SPRACHE

Englischkenntnisse sind erforderlich, da in Großbritannien wenig Deutsch gesprochen wird. Eine Reihe von Sprachschulen findet sich an der gesamten Südküste, deren Zentren Bournemouth, Brighton und Torquay sind. Auskünfte über Sprachschulen:

Fachverband Deutscher Sprachreise-Veranstalter
Kastanienallee 82, 10435 Berlin •
Tel. 0 30/78 95 36 40 • www.fdsv.de

STROM

Meist 240 Volt (gelegentlich 220 bis 250 V). Elektrische Rasierer lassen sich problemlos verwenden, für andere elektrische Geräte wird ein Steckeradapter benötigt.

TELEFON

VORWAHLEN
D, A, CH ▸ GB 00 44
GB ▸ D 00 49 **GB ▸ A** 00 43
GB ▸ CH 00 41

Die öffentlichen Telefonzellen funktionieren mit Münzen (10, 20, 50 p und 1 £) oder Telefonkarten, zum Teil auch mit Kreditkarten. Die »phonecard« für 3, 5, 10 oder 20 £ gibt es im Postamt und in Geschäften mit BT (British Telecom)-Symbol. Ortsgespräche (3 Minuten) kosten 20 p, Ferngespräche zum Kontinent nach 20 Uhr ca. 70 p für 3 Minuten.

Wer sein Handy in Südengland benutzen möchte, sollte die Hinweise seines Providers auf GSM beachten.

TIERE

Hunde und Katzen benötigen zur Einreise einen EU-Heimtierausweis (stellt der Tierarzt aus). Die Einfuhr von Hunden und Katzen nach Großbritannien ist umständlich. Ein einreisender Hund muss einen eingepflanzten Microchip (ISO-Norm 11784) tragen und mit einem vom britischen Landwirtschaftsministerium zugelassenen Impfstoff gegen Tollwut geimpft sein. 30 Tage nach Impfung entnimmt ihm der Tierarzt Blut, das in einem anerkannten Labor getestet wird (in Deutschland: Gießen). Dann muss eine sechsmonatige Wartezeit eingehalten werden. 24 bis 48 Stunden vor der Einreise ist der Hund zudem gegen Bandwürmer und Zecken zu behan-

Klima (Mittelwerte)	JAN	FEB	MÄR	APR	MAI	JUN	JUL	AUG	SEP	OKT	NOV	DEZ
Tagestemperatur	8	8	10	12	15	18	19	19	18	15	11	9
Nachttemperatur	4	4	5	6	8	11	13	13	12	9	7	5
Sonnenstunden	2	3	4	7	8	7	7	6	5	4	2	2
Regentage pro Monat	19	15	14	12	12	12	14	14	15	16	17	18
Wassertemperatur	10	9	9	9	11	13	15	16	15	14	12	11

deln. Notwendig ist außerdem eine Bescheinigung, dass der Hund in den sechs Monaten vor der Einreise nicht außerhalb der EU war.

TRINKGELD

Der »tip« ist in England üblich in öffentlichen Toiletten (20 p), in Restaurants (10 %), in Pubs (10 % nur bei Bedienung am Tisch), an Tankstellen (20 p). Der Kofferträger erhält 1 £, das Zimmermädchen 1 £ pro Tag.

VERKEHR

AUTO

Man benötigt nur den nationalen Führerschein und den Fahrzeugschein. Es herrscht Linksverkehr, überholt wird daher rechts. Im Verkehrskreisel hat das von rechts kommende Fahrzeug Vorfahrt, ansonsten wird die Vorfahrt durch Querlinien auf der Straße an den Kreuzungen angezeigt. Höchstgeschwindigkeiten: in Ortschaften 48, auf Landstraßen 96 und auf Autobahnen 112 km/h. Zusätzlich zum Zebrastreifen gibt es »pelican«-Fußgängerüberwege mit Ampeln; wenn sie gelb blinken, ist Fußgängern der Vortritt zu lassen. Zum Bordstein parallel verlaufende unterschiedlich gelbe Streifen zeigen ein Parkverbot zu unterschiedlichen Zeiten an. Senkrechte Streifen markieren ein Halteverbot. Das dichte Straßennetz in Englands Süden besteht aus Autobahnen (M) mit blauen Wegweisern, Hauptstraßen (A) mit grünen sowie teilweise recht engen Nebenstraßen (B) mit weißen Schildern. Entfernungen werden in Meilen (1 Meile = 1,61 km) angezeigt. Verkehrssünden sind teuer: Alkohol am Steuer kann 500–5500 € kosten, Handy am Ohr kommt auf 65 €. Die Promillegrenze liegt bei 0,8 ‰.

Auskünfte

Automobile Association (AA)
Fanum House, Basing View, Basingstoke • Tel. 00 44/1 61/3 33 00 04 (von A, D, CH), 0 87 05/44 88 66 (in UK) • Pannenhilfe Tel. 08 00/88 77 66 (nur in Großbritannien) • www.theaa.com

BAHN

Der Eurostar hält in Ashford in Kent. Von London verkehren Schnellzüge nach Brighton, Southampton, Bournemouth, Bristol, Plymouth, Torquay und Penzance. Der **Britrail England Pass**, der nur außerhalb Großbritanniens erhältlich ist, erlaubt z.B. 8 (271 €) oder 15 Tage (400 €) unbeschränktes Reisen mit der Eisenbahn. Der Pass ist auch mit anderer Gültigkeitsdauer sowie online unter www.visitbritainshop.com erhältlich. www.britrail.com

BUS

Der **National Express** verbindet die meisten Städte miteinander. Abfahrten in London in der Victoria Coach Station, Buckingham Palace Road, London SW 1. Mit **Brit Xplorer** kann man für 7 Tage (79 £), 14 Tage (139 £) oder 28 Tage (219 £) das gesamte Streckennetz bereisen. Preiswerte **Explorer Tickets** der Stadtbusse gibt es in vielen Städten.
www.nationalexpress.co.uk

FAHRRÄDER

Auf den Kanalfähren ist die Beförderung des Fahrrads oft kostenlos oder kostet 5–10 €. In britischen Zügen ist die Mitnahme von Fahrrädern oft ebenfalls kostenlos, doch wird sie bei den verschiedenen Eisenbahngesellschaften unterschiedlich gehandhabt – auch hinsichtlich der Reservierung. Die Broschüre »National Rail Cycling by Train« klärt darüber auf (erhältlich bei Brompton Bicycle, Lionel South Road, Brentford Middlesex TW8 9QR, Tel. 0 20/82 32 84 84). In vielen Orten Südenglands kann man Fahrräder für 40–70 £ pro Woche mieten.

MIETWAGEN

Mietwagen gibt es an den Flughäfen und in größeren Orten für 40–55 £ pro Tag. Vollkaskoversicherung (ca. 25 £ pro Woche) ist ratsam.

ZEITUNGEN

Die bekannten Tageszeitungen sind »The Times«, »The Independent«, »The Observer«, »The Guardian« und »The Daily Telegraph«.

ZEITVERSCHIEBUNG

In Großbritannien gilt die Greenwich Mean Time (MEZ –1 Std.). In den Monaten von April bis Oktober gilt die Sommerzeit und damit MEZ.

ZOLL

Reisende aus Deutschland und Österreich dürfen Waren abgabenfrei mit nach Hause nehmen, wenn diese für den privaten Gebrauch bestimmt sind. Bestimmte Richtmengen sollten jedoch nicht überschritten werden (z. B. 800 Zigaretten, 90 l Wein, 10 kg Kaffee). Weitere Auskünfte unter www.zoll.de und www.bmf.gv.at/zoll.

Reisende aus der Schweiz dürfen Waren im Wert von 300 SFr abgabenfrei mit nach Hause nehmen, wenn diese für den privaten Gebrauch bestimmt sind. Tabakwaren und Alkohol fallen nicht unter diese Wertgrenze und bleiben in bestimmten Mengen abgabenfrei (z. B. 200 Zigaretten oder 2 l Wein). Weitere Auskünfte unter www.zoll.ch.

ENTFERNUNGEN (IN KM) ZWISCHEN WICHTIGEN ORTEN

	Bath	Bournemouth	Brighton	Bristol	Canterbury	Dover	Newquay	Plymouth	St Ives	Torquay	Winchester
Bath	–	75	123	11	190	204	189	154	211	121	67
Bournemouth	75	–	85	86	184	166	195	150	207	127	35
Brighton	123	85	–	145	99	81	280	235	292	212	70
Bristol	11	86	145	–	201	215	179	144	201	111	78
Canterbury	190	184	99	201	–	18	379	334	388	311	169
Dover	204	166	81	215	18	–	361	316	373	293	150
Newquay	189	195	280	179	379	361	–	50	38	83	209
Plymouth	154	150	235	144	334	316	50	–	74	33	164
St Ives	211	207	292	201	388	373	38	74	–	107	233
Torquay	121	127	212	111	311	293	83	33	107	–	141
Winchester	67	35	70	78	169	150	209	164	233	141	–

Orts- und Sachregister

Wird ein Begriff mehrfach aufgeführt, verweist die **halbfett** gedruckte Zahl auf die Hauptnennung. Abkürzungen: Hotel [H], Restaurant [R]

Abbey [Bath] 10, **70**
Abode [H, Canterbury] 90
Acorn Vegetarian Kitchen [R, Bath] 10, **74**
Adur Valley 105
Adventure Wonderland 31
Alfriston **98**, 104
Alum Bay 106
Alverne [R, Penzance] 51
Amanzi [R, Falmouth] 40
Amtssprache 112
Angeln 29
Anreise 116
Antiquitäten 27
Apotheken 119
Apps 119
Aquarium Guest House [H, Brighton] 97
Arundel Castle 98
Ausflüge 101
Auskunft 117
Auto **116**, 122
Azouma [R, Canterbury] 90

Bahn **116**, 122
Barbara Hepworth Museum & Sculpture Garden [St Ives] 8, **54**
Base Surf Lodge [H, Newquay] 45
Bath 69
B&B 23
Beach Lodge Guest House [H,Bournemouth] 60
Beachy Head 104
Beaulieu 62
Bed & Breakfast 23
Bedruthan Steps Hotel [H, Newquay] 44
Bembridge 107
Bevölkerung 112
Biddenden 92
Bignor 105
Bignor Roman Villa 105
Black Pudding 25
Bleak House [Broadstairs] 92
Bloomfield House [H, Bath] 73
Blue Reef Aquarium [Newquay] 43
Booth Museum of Natural History [Brighton] 96
Bournemouth 59
Bournemouth Pier [Bournemouth] 59
Bournemouth Pizza Co [R, Bournemouth] 61
Brighton 87, **94**

Brighton Marina [Brighton] 97
Brighton Museum & Art Gallery [Brighton] 96
Brighton Pier [Brighton] 95
Bristol 75
Bristol & Brunel's SS Great Britain 109
Brixham 64
Broadstairs 92
Buchtipps 117
Buriton 105
Bus **116**, 122

Café Galatea Restaurant & Gallery [R, Glastonbury] 77
Café Rouge [R, Bournemouth] 61
Café Rouge [R, Brighton] 97
Caffe Pasta & Pizzeria [R, St Ives] 56
Camelot [R, Torquay] 66
Canterbury 87
Canterbury Cathedral [Canterbury, MERIAN Top-Ten] 14, **87**
Canterbury Ghost Tour [Canterbury] 15, **92**
Canterbury Heritage Museum [Canterbury] 89
Canterbury Pottery [Canterbury] 15, **91**
Capers [R, Torquay] 66
Carena House B&B [H, Canterbury] 90
Cavalaire [H, Brighton] 97
Central Gardens [Bournemouth] 59
Cerne Abbas 62
Chanctonbury Ring 105
Charles Dickens Birthplace Museum [Portsmouth] 84
Charleston Farmhouse 98
Cheddar Gorge 76
Chesil Rectory [R, Winchester] 13, **82**
Chewton Glen [H, Bournemouth] 60
Chez Fred [R, Bournemouth] 62
Chichester 83
Chichseter Kathedrale [Chichester] 83
Circus [Bath] 70
City Mill [Winchester] 13, **83**
City Museum [Winchester] 12, **80**
Cornish Seal Sanctuary 31
Cornish Weekend 109

Cornwall 36
Cottonwood Boutique Hotel [H, Bournemouth] 60
Country Houses 23
Country Inn 23
Cream tea 25
Culver Cliff 107

Dartmoor 66
Devil's Dyke 105
Devon 58
Dickens House Museum [Broadstairs] 92
Diplomatische Vertretungen 117
Ditchling Beacon 105
Dorchester 63
Dorset 58
Dover 93
Dover Castle [Dover] 93
Dover Museum [Dover] 93
Dyrham Park 76

Eastbourne **99**, 104
Eden Project [MERIAN Top-Ten] **46**, 109
Edgar Townhouse [H, Bath] 73
Egyptian House [Penzance] 48
Einkaufen 26
Einwohner 112
English's Oyster Bar [R, Brighton] 97
Essen 23
Eurotunnel-Shuttle 116
Events 118
Exeter 67

Fähre 116
Fahrräder 122
Fahrrad fahren am Meer 31
Falmouth **37**, 102
Falmouth Art Gallery [Falmouth] 37
Fal Mussel Card Visitor [Falmouth] 41
Familientipps 30
Farmers Markets 27
Farringford Hotel [H, Isle of Wight] 84
Fashion Museum [Bath] 72
Feiertage 118
Ferryboat Inn [R, Helford River] 41
Feste 118
Fishbourne Roman Palace [Chichester] 83
Fishers Adventure Farm Park 31

Fish'n'chips 25
Five o'Clock Tea 25
Fläche 112
Flohmarkt 27
Flugzeug 116
Food For Friends
 [R, Brighton] 97
Fowey 102
Fowey Hall [H, Fowey] 31
Freshwater 106

Geld 119
Geografie 112
Geschichte 114
Gewichte 119
Giffard House
 [H, Winchester] 81
Gino's Spaghetti House
 [R, Penzance] 51
Glastonbury 69, **76**
Glendurgan Garden 102
Glyndebourne 99
Golf 29
Gottesdienst in der
 Canterbury Cathedral
 [MERIAN Tipp] 19
Great Hall [Winchester]
 12, **80**
Greenway House
 [MERIAN Tipp] 17
Guest Lodge [H, Penzance]
 51

Hampshire 68, **69**
Helford River 41
Historic Canterbury 108
Historic River Tour
 [Canterbury] 15, **88**
Hospital of St Cross
 [Winchester] 80
Hotel du Vin
 [H, Winchester] 81
Hotel Penzance
 [H, Penzance] 50
Houghton 105
Hurst Castle 106

Iford Manor Gardens 77
Indian Dining Club
 [R, Newquay] 45
Internet 112
Isle of Portland 59, **63**
Isle of Purbeck 59
Isle of Wight **83**, 106
Isles of Scilly 51

Jane Austen Centre
 [Bath] 72

Kanaltour mit dem Kanu 32
Karma [H, Isles of Scilly] 52
Käsesorten 25
Kent 86
Kent's Cavern [Torquay]
 64
Kleidung 27

Krankenhaus 119
Krankenversicherung 119

Lage 112
Land's End **53**, 103
Langtry Manor
 [H, Bournemouth] 60
Leeds Castle [MERIAN
 TopTen] 13
Legacy Hotel Victoria
 [H, Newquay] 45
Links 119
Lizard **42**, 102
Lizard Lighthouse
 Heritage Centre 32
Lucknam Park [H, Bath] 73

Market Cross [Chichester] 83
Market House [Penzance] 49
Masse 119
Meadery [R, Newquay] 45
Medizinische Versorgung
 119
Merchants Manor
 [H, Falmouth] 38
Mermaid Seafood Restaurant
 [R, St Ives] 56
Michael House
 [H, Tintagel] 48
Mietwagen 123
Minack Theatre [Porth-
 curno, MERIAN TopTen]
 37, **53**, 102
Monkey World Ape Rescue
 Centre 33
Monk's House 105
Mulberry Factory Shop
 [MERIAN Tipp] 18
Murder Mystery Lunch 108
Museen 119
Museum of Bath Architecture
 [Bath] 71
Myhotel [H, Brighton] 96

Narrowboat 33
National Lobster Hatchery
 [Padstow] 47
National Maritime Museum
 Cornwall [Falmouth] 38
National Trust 120
Nebenkosten 120
New Forest [MERIAN TopTen]
 59, **63**
Newport 106
Newquay **42**, 103
Nivea Sun Yellowave
 Beachsports [Brighton,
 MERIAN Tipp] 19
No. 1 Royal Crescent [Bath]
 72
North Laine [Brighton] 97
Notruf 120

Oceanarium [Bournemouth]
 60
Osborne [H, Torquay] 64

Ouse Valley 104
Oxfam Shop [Bath] 11, **75**

Padstow 46
Paignton 64
Parish Church
 (St Ia Church) [St Ives] 54
Pastete 25
Pelirocco [H, Brighton] 97
Pendennis Castle
 [Falmouth] 37
Penlee House Gallery &
 Museum [Penzance] 50
Penzance 37, **48**, 102
Perranporth 103
Plymouth 59, **67**
Politik 113
Polperro 102
Poole 59, **63**
Porthmeor Beach [St Ives]
 9, **54**
Porthminster Beach Café
 [R, St Ives] 56
Portsmouth 84
Post 120
Preston Street
 [Brighton] 97
Primrose Valley
 [H, St Ives] 55
Pullman 108
Pulteney Bridge [Bath] 10, **70**

Redruth 103
Regency [R, Brighton] 97
Reisedokumente 120
Reiseknigge 120
Reisewetter 120
Religion 112
Rick Stein's Café
 [R, Padstow] 47
Rick Stein's Fish
 [R, Falmouth] 39
Rodmell 105
Roman Baths Museum [Bath,
 MERIAN TopTen] 10, **72**
Roman Museum
 [Canterbury] 14, **89**
Romanzo Greek Taverna
 [R,Bournemouth] 61
Royal Cornwall Museum
 [Truro] 42
Royal Crescent [Bath] 70
Royal Harbour Hotel
 [H, Broadstairs] 93
Royal Pavilion [Brighton] 95
Royal Tunbridge Wells 94
Russell-Cotes Art Gallery &
 Museum [Bournemouth]
 60

Salisbury 84
Sally Lunn's [R, Bath] 75
Sandown 107
Scheffield Park & Garden 99
Schooners [H, Isles of
 Scilly] 52

Scilly Walks [MERIAN Tipp] 16
SeaCity Museum [Southampton] 85
Sealife [Brighton] 96
Seal Island [MERIAN Tipp] 17
Segeln 29
Señor Dick's [R, Newquay] 45
Seven Sisters 99, **104**
Seven Sisters Sheep Centre 33
Shanklin 107
Sheppy's Cider [Taunton] 78
Sissinghurst Gardens [MERIAN TopTen] 94
Somerset 68
Sophia's B&B [H, Penzance] 50
Southampton 85
South Downs Way 104
Splashdown 33
Sport 28
Sprache **113**, 121
Star Inn [R, Penzance] 51
St Augustine's Abbey [Canterbury] 88
St Austell 102
St Ives 8, 37, **53**, 103
St Ives Bay Line [MERIAN Tipp] 17
St Ives Museum [St Ives] 54
St Mawes Castle [Falmouth] 38
St Mawes Ferry [Falmouth] 41
St Michael's Mount 49
St Nicholas Chapel [St Ives] 8, **54**
Stonehenge [MERIAN TopTen] 69, **85**
Stourhead 77
Strände 28, **29**
Strom 121
St Stephen's [H, Canterbury] 90
Sun Hotel [H, Canterbury, MERIAN Tipp] 19
Sunnyside [H, Newquay] 45
Surfschulen [Newquay] 46
Sussex 86

Tate St Ives Café [R, St Ives] 9, **57**
Tate St Ives [St Ives, MERIAN TopTen] 8, **54**
Taunton 78
Telefon 121
Tennyson Down 106
The Beach Restaurant [R, St Ives] 9, **56**
The Canterbury Tales [Canterbury] 88
The Cathedral Refectory [R, Winchester] 13, **82**
The Claycutters Arms [R, Torquay] 66
The Dinosaur Museum 31
The English Hurdle Centre [Taunton] 78
The Garrack Bar [St Ives] 9, **57**
The Garrack Hotel [H, St Ives] 55
The Grand Hotel [Eastbourne] 99
The Harbour Rest Café, [R, Newquay] 45
The Headland [H, Newquay] 44
The Heritage [H, Torquay] 65
The Jacobs Ladder Inn [H, Falmouth] 39
The Lanes [Brighton] 97
The Longboat Inn [H, Penzance] 50
The Look Out Discovery 33
The Lost Gardens of Heligan **42**, 109
The Moat Tea Rooms [R, Canterbury] 90
The Needles 106
The New Inn [H, Cerne Abbas] 62
The Old Ship [H, Padstow] 47
The Pump Room [R, Bath] 11, **74**
The Queen's Hotel [H, St Ives] 56
The Regent [H, St Ives] 56
Thermae Bath Spa [Bath] 11, **75**
The Royal Duchy [H, Falmouth] 38
The Royal Hotel [H, Bath] 73
The Shack [R, Falmouth] 39
The Stable [R, Falmouth] 40
The White Guest House [H, Bath] 74
The Willow Tree [R, Winchester] 82
The Wykeham Arms [Winchester] 13, **83**
Tiere 121
Tintagel **48**, 103
Tintagel Castle **48**, 103
Tiny Tim's Tearoom [R, Canterbury] 14, **90**
Tolman Guesthouse [H, Isles of Scilly] 53
Torbay 64
Torquay 59, **63**
Torquay Museum [Torquay] 64
Torre Abbey [Torquay] 64
Touren 101
Trebah 102
Trebah Garden [Falmouth] 38

Tregenna Castle Hotel [H, St Ives] 56
Tremenheere Sculpture Gardens 50
Trenance Gardens and Leisure Park [Newquay] 46
Trengwaintron Garden 50
Trerice Manor [Newquay] 43
Tresco Abbey Garden 52
Trevose Harbour House [H, St Ives] 55
Trinken 24
Trinkgeld 122
Truro 42

Übernachten 22
Underground Passages [Exeter] 67

VBites [R, Brighton, MERIAN Tipp] **19**
Ventnor 106
Verkehr 122
Vorwahlen 121

Wadebridge 103
Währung 112
Wallett's Court [H, Dover] 93
Wandern 29
Wandern im Dartmoor 33
Warehouse Bistro [R, Falmouth] 40
Warren House Inn [R, Dartmoor] 66
Waters Edge [H, Torquay] 65
Weavers Houses [Canterbury] 14, **88**
Welldiggers Arms [R, Petworth, MERIAN Tipp] 18
Wells 78
West Beach [R, Bournemouth] 61
West Gate [Canterbury] 88
Westgate Inn [H, Winchester] 82
Westgate Museum [Winchester] 80
Wilmington 99
Wiltshire 68, **69**
Winchester Cathedral [Winchester] 12, **80**
Winchester [MERIAN TopTen] 12, 69, **79**
Wirtschaft 113
Wochenmärkte 27
Wookey Hole Caves 79

Yorkshire pudding 25
Yum Yum Thai [R, Bath] 75

Zeitungen 123
Zeitverschiebung 123
Zoll 123